市民のための
ジェンダー入門

椎野信雄［著］

創 成 社

PREFACE

　本書は「ジェンダー論」について書かれたものである。とはいえジェンダーの本は,いまではもう流行らないというのが出版界での常識かもしれない。まさに流行り廃りの激しい日本社会ならではの現象だろう。ジェンダーの問題を,こうした流行のレベルでしかとらえられないこと自体が,日本社会がジェンダー「後進国」であることを示しているともいえる。ジェンダーのそもそもの由来と意味を理解しないままに,まるで魔女狩りのように,ジェンダーを隠蔽する一方で,数多くのジェンダー関連の書物を,一種の流行本として出版してきたのが日本の現状だ。そのうえ,そうしたジェンダー論のほとんどは,日本社会でジェンダーを論じることの意味については,知らぬ存ぜぬを決め込んで,無頓着である。その内の多くが,立派で正当なジェンダーを論じるのは当然のことであり,だれもが理解すべきことなのだ,といった調子で書かれている。ところが現実には,ジェンダーを理解できている人はほとんどいないし,ジェンダーに関心をもっている人も少ない。なぜジェンダーについて語る必要があるのか,その辺の問題意識を深めないかぎり,流行本としてのジェンダー論の域を出るのはむずかしいのではないだろうか。

　こうした問題意識を前提に,本書では,日本社会でジェンダーを語ることの意味,そして一体なんのためにジェンダーを理解する必要があるのか,といった問題点を考察してみたい。本書は,流行本としてのジェンダー論ではなく,「日本社会はジェンダー後進国」という現状を脱することを意図して書かれている。まずは「ジェンダー」という言葉のそもそもの出所を探っていくことからはじめたい。

　「ジェンダー論」を展開するにあたって,いつも気になっていたことがある。それは,これまでのジェンダー論の中で使われている「ジェンダー」という言葉の概念把握が,理解の最初の段階で誤解されているのではないかという危惧

である。なにか前提が違っているのではないかという疑問である。この序論では，外来語のカタカナ表記の「ジェンダー」がどのように使われているのかをみていくことで，そうした危惧や疑問の所在を解き明かしていきたい。

　ジェンダー論を研究している人でなく，一般の日本語使用者たちが，「ジェンダー」という言葉に出合ったとき，その意味を理解するためには，まずは辞書を引いてみるだろう。

　たとえば手元の電子辞書の現代の日本語の「国語」辞典には，次のような説明が載っている。
1．ジェンダー【gender】①生物学的な性別を示すセックスに対して，社会的・文化的に形成される性別。②［言］⇒性④に同じ。(広辞苑)
2．ジェンダー［gender］❶生物上の雌雄を表すセックスに対し，歴史的・文化的・社会的につくられる男女の差異。男らしさ，女らしさなど。性差。❷文法上の性。⇒性㊀【名】④ (明鏡国語辞典)
3．ジェンダー《gender》①文法で，名詞や活用語の男性・女性・中性といった分類。②社会的，文化的に形成される男女の差異。男らしさ，女らしさといった言葉で表現されるもので，生物上の雌雄を示すセックスと区別される。(デジタル大辞泉)

どうやらジェンダーには2つの系列の意味があるように，載っているのである。

　ではまず，1（広辞苑）の②の性④や，2（明鏡国語辞典）の❷の性㊀【名】④や，3（デジタル大辞泉）の①におけるジェンダーの「文法上の性」とは何なのか？　それぞれ以下のような説明が載っている。
1．性④［言］(gender) 名詞を分類する文法範疇の一。ラテン語・ドイツ語・ロシア語などでは男性・中性・女性に分ける。ロマンス諸語では多く男性・女性に分け，英語では性の区別がない（人称代名詞にはある）。(広辞苑)
2．性㊀【名】❹ドイツ語・フランス語などで，名詞・代名詞・形容詞・冠詞

などの　語形変化によって表される男性・女性・中性などの区別。ジェンダー。(明鏡国語辞典)

3．性㊀【名】③《gender》インド・ヨーロッパ語・セム語などにみられる，名詞・代名詞・形容詞・冠詞などの語形変化によって表される文法範疇の一。男性・女性・中性などの区別がある。日本語には，文法範疇としての性の区別はない。英語でも代名詞にみられるだけで，それ以外の品詞では消滅している。(デジタル大辞泉)

　「文法上の性」としてのジェンダーとは，言語学における専門用語であり，文法範疇の1つだそうである。そもそも「文法上の性」ジェンダーという文法範疇が見出されるのは，インド・ヨーロッパ語族やセム語族などの屈折語に属する言語だそうである。「屈折語」とは，言語の形態的類型の1つで，「語の文中における文法的な役割や関係の差異を，語形の一部を変えて示す言語」であり，(日本語が含まれる)「膠着語」や，「抱合語」「独立語」などと区別されている。通常の性の区別は，自然界における性・性別 (natural sex) と把握されており，「文法上の性」ジェンダーは，grammatical genderとして，natural sexとは異なる言語学の専門用語／文法範疇と理解されているのだ。日本社会でも，インド・ヨーロッパ語 (たとえばイタリック語派の「フランス語」や，ゲルマン語派の「ドイツ語」など) を語学学習するときには，意識的に暗記しなければならない文法範疇なのである。

　この文法上の性の区別は，デジタル大辞泉にも書いてあるように日本語にはないので，日本社会ではインド・ヨーロッパ語などを学習する人以外は，natural sexと対立したgrammatical genderを意識することはほとんどない。逆にいえば，インド・ヨーロッパ語などの使用者は，natural sexとgrammatical genderの区別を日々，実行していることになるのである。

　このnatural sexとgrammatical genderについては，現在，以下のようなことが明らかにされている。

1．ジェンダー (文法上の性) の範疇には，男性 (the masculine gender)，女性 (the feminine gender)，中性 (the neuter gender)，通性 (the common gender)

の4つがある（「通性」とは，男女の別なく，共通して用いられ，男性・女性いずれをも指すことのできるものである）。
2．自然界の性（natural sex：生物学上の性）の区別と，「文法上のジェンダー」の区別には，一対一対応の関係はない。たとえば，ドイツ語で「女」das Weibは，中性名詞であり，スウェーデン語の「人間」Manniskanは女性名詞である。もちろん，natural genderといって，生物学上の性によって決定されているgenderもある。
3．文法上のジェンダーの範疇数は，言語によって異なる。2つか3つの範疇が多いが。たとえばドイツ語には，男性・女性・中性の3範疇がある。フランス語などのロマンス語には男性・女性の2範疇がある（現代英語には，人称代名詞以外には，区別が認められない）。
4．どの名詞（など）をどのジェンダー範疇（男性・女性・中性か）にするかは，言語によって異なる。たとえば，「月」を指すドイツ語der Mondは男性名詞であるが，フランス語la luneは女性名詞である。「太陽」を指すドイツ語die Sonneは女性名詞だが，フランス語le soleilは男性名詞である。

これらをまとめると，以下のような特徴がみて取れるだろう。
1．インド・ヨーロッパ語などは，あらゆる物（生物や無生物）をnatural sexとは別に，言語上においてgender（文法上の性）に分類している（natural sexの分類システムとgrammatical genderの分類システムがある）。
2．(natural) sexの区別と（grammatical) genderの区別は，一致するとは限らない（sexの分類システムとgenderの分類システムは独立の関係である）。
3．言語によって，(grammatical) genderの範疇数（男性か女性か中性か通性か）は，異なる（gender分類システムの分類範疇数は言語によって異なる）。
4．言語によって，どの名詞（など）をどのgender範疇にするかは異なる（ジェンダー分類システムは，言語ごとに独立である）。

これらのsexとgenderの特徴は，grammatical genderに留まらず，「国語」辞典でみた「ジェンダー」のもう1つの系列の意味を理解するうえでも，参考になるものである（専門用語で用いようとそうでなくとも，sexとgenderは，natural sexとgrammatical genderという対照概念として把握されているのである）。

　日本語の「国語」辞典による「ジェンダー」のもう1つの系列の意味を理解するには，日本語ではいくつかの困難が伴っているのではないかと思われる。どの辞書にも共通した説明がいくつか書いてある。その1つは，「生物学的な性別を示すセックス」「生物上の雌雄を表すセックス」と区別されるジェンダーという説明である。もう1つは，「社会的・文化的に形成される性別」「歴史的・文化的・社会的につくられる男女の差異」「社会的，文化的に形成される男女の差異」，のように「歴史的・文化的・社会的形成」が強調されている説明である。しかしここにはいくつかの誤解の元があるように思われる。

　まず，現代日本語で「セックス」というカタカナ表記の言葉が，「生物学的な性別」「生物上の雌雄」としてまず第一に理解されることはないだろう。しかし，「セックス」の「国語」辞典上の意味においては，

1．セックス【sex】①性。性別。②性欲。③性交。（広辞苑）
2．セックス［sex］❶男女の性別。❷性欲。❸性行為。また，性器。（明鏡国語辞典）
3．セックス《sex》①男女・雌雄の別・性。②性の交わりを求める欲望。性愛。また，性交。（デジタル大辞泉）

のように，②や③の意味の前に，性，性別，男女の性別，雌雄の別という意味が最初に載せられている。ここに日本語におけるセックス，性，性別，雌雄の理解（誤解？）のからくりが隠されているように思われる。

　このからくりを垣間見るために，日本語の「性」「性別」の意味を探求してみることにする。日本語・漢字の「性」の「国語」辞書的意味を調べてみると興味深いことが見出される。

1．せい【性】①うまれつき。さが。②物事のたち・傾向。③（sex）男女，雌雄の区別。④［言］（gender）⑤［社］⇒ジェンダー。（広辞苑）
2．せい【性】一《名》❶生まれつきの性質。天性。たち。❷生物の雌雄，人間の男女の区別。❸生殖を営むために生じる本能の働き。セックス。❹ドイツ語・フランス語などで，名詞・代名詞・形容詞・冠詞などの語形変化に

よって表される男性・女性・中性などの区別。ジェンダー。(明解国語辞典)

3．せい【性】一《名》①人が本来そなえている性質。うまれつき。たち。②同種の生物の，生殖に関して分化した特徴。雄性と雌性。雄と雌，男と女の区別。また，その区別があることによって引き起こされる本能の働き。セックス。③《gender》インド・ヨーロッパ語・セム語などにみられる，名詞・代名詞・形容詞・冠詞などの語形変化によって表される文法範疇の一。男性・女性・中性などの区別がある。日本語には，文法範疇としての性の区別はない。英語でも代名詞にみられるだけで，それ以外の品詞では消滅している。(デジタル大辞泉)

以上が，「国語」辞書に載っている「性」の意味である。

「性」の意味において，上記の③や❷や②以降の意味をもつようになったのは，「性」の漢字の意味の歴史を調べてみると，日本では，明治期以後のことであることが分かってくる。江戸時代まで，「性」の漢字の意味は，①や❶や①のように，「天から与えられた本質」「生まれながら持っている性質」が主なものだったのである。会意の漢字として「性」には「こころ」や「いのち」の意味ももっていた。

ところが，明治期になり，西洋語のSEX概念を表す日本語が必要になり，そのときに「性」や「性別」という単語をSEX概念の日本語として使用するようになったのだ。その当時のSEX概念の意味が，1の③，2の❷，3の②のような意味であったのだ。つまり，生物の雌雄・男女の区別という意味だったのである（性交としてのセックスの意味は，当時の西洋語のSEX概念（sex英，sexe仏，sexus独など）にはまだなかった。これは，西洋語のSEX概念においても20世紀になってからの意味である）。明治以降，SEX概念（男女の区別）を表す日本語が「性」「性別」と表記されるようになったのだ。日本語の概念「性別」が流通した後では，性別が西洋語のSEXを起源とする日本語であることは忘却され，日本語でも性＝性別＝男女の区別が自明視されることになった。

日本語では「性別」がSEX概念を意味するようになったが，現代日本語で

はカタカナ表記の「セックス」という言葉は性別＝SEX概念を意味するのではなく，西洋語のSEX概念の20世紀の意味である「性交」「性行為」を第一に意味することになった。こうした現代日本語の環境の中で，「生物学的な性別を示すセックス」「生物上の雌雄を表すセックス」と区別される「ジェンダー」を理解するには，一苦労を要するのである。セックスが，SEX＝性交／性行為ではなく，もともとの（生物学的な）「性別」を意味する，と頭を切り替えて理解しなければならないのだ。

さらに日本語の「性別」が起源としてSEX概念から発生していることは理解されていないのである。文法上の性のところでもみたように，西洋語の概念の対比であるSEXとGENDERの対立をそのまま「セックス」と「ジェンダー」の日本語の対比として説明を受けても理解は難しいと思われる。現代日本語の中で，説明上「ジェンダー」と対立させなければならないのは，「セックス」ではなく，「性別」（男女・雌雄の区別）なのである。

このことは，「国語」辞典による「ジェンダー」のもう1つの系列の意味の理解における困難に関連していると思われる。もう1つの系列では，「歴史的・文化的・社会的形成」が強調されているが，歴史的・文化的・社会的に形成される「性別」「男女の差異」がジェンダーだと説明されている。ところが，この「性別」や「男女の差異」は，実のところSEX概念のままに使用されているのである。「ジェンダー」とは，歴史的・文化的・社会的に形成される「性別」（つまりSEX概念）だと説明されることにおいて，「ジェンダー」と「性別」は対立概念ではないのだ。つまり，この説明では「ジェンダー」概念には，性別＝SEX概念が含まれていることになり，この説明による現代日本語の理解では，「ジェンダー」とは，歴史的・文化的・社会的に形成されるSEXとなっているのである。

日本語の「ジェンダー」とは，性別＝SEX概念と対比されるものではなく，性別＝SEX概念を前提として「歴史的・文化的・社会的に形成された」性別＝SEXになっているのである。「ジェンダー」は，性別＝SEXの歴史的・文化的・社会的バージョンであるという理解である。現代日本語では性別＝

SEXは，まずは普遍概念であり，それは歴史的・文化的・社会的にも形成されるものとなるのだ。

　西欧語（英語，フランス語，スペイン語，イタリア語，ドイツ語など）の言語のGENDER概念は，SEX概念と対比されており，文法上の性の説明におけるnatural sexとgrammatical genderの対比と同じように，biological sexとhistorically/culturally/socially formed genderの対比そのものに，つまりsexとgenderの対比に大きな意味があるのだ。ところが，現代日本語の「ジェンダー」概念理解は，こうした対比や差異の意味するところを無視してしまっているのではないか。実のところ日本語で「ジェンダー」という概念を理解するためには，日本語における「ジェンダー」と「性別」を対比させること，そして生物学のレベルと歴史的・文化的・社会的形成のレベルを相対的に独立させて理解すること，ここから出発しなくてはならないのではないだろうか。

2008年8月

椎野信雄

【注】
　日常語でなく術語（テクニカルターム・専門用語）としてのジェンダー概念の分析に関しては，以下を参照。

伊田広行「「ジェンダー」概念について」伊田広行『続・はじめて学ぶジェンダー論』大月書店，2006年，pp.22-48。
伊田広行「ジェンダーについての整理」日本女性学会ジェンダー研究会編『Q&A男女共同参画／ジェンダーフリー・バッシングーバックラッシュへの徹底反論ー』明石書店，2006年，pp.11-21。
伊田広行「政府の「ジェンダー」および「ジェンダーフリー」に対する見解について」日本女性学会ジェンダー研究会編『Q&A男女共同参画／ジェンダーフリー・バッシングーバックラッシュへの徹底反論』明石書店，2006年，pp.187-196。
伊田広行「「ジェンダー概念の整理」の進展と課題」『人間科学研究』第1号，大阪経済

大学，2007年。

井上輝子「「ジェンダー」「ジェンダーフリー」の使い方，使われ方」若桑・加藤・皆川・赤石編『「ジェンダー」の危機を超える！徹底討論！バックラッシュ』青弓社，2006年，（第2章）pp.61-82。

江原由美子「ジェンダー概念の有効性について」若桑・加藤・皆川・赤石編『「ジェンダー」の危機を超える！徹底討論！バックラッシュ』青弓社，2006年，（第1章）pp.37-60。

江原由美子「ジェンダーと社会理論」江原由美子『フェミニズムのパラドックス－定着による拡散－』勁草書房，2000年。

加藤秀一「ことばは生きている，あるいは，よりよき相互理解のために」若桑・加藤・皆川・赤石編『「ジェンダー」の危機を超える！徹底討論！バックラッシュ』青弓社，2006年，（第6章）pp.155-172。

加藤秀一「ジェンダーって何のこと？」『ジェンダー入門』朝日新聞社，2006年，（第1章）pp.19-35。

CONTENTS

PREFACE

第Ⅰ部　恋愛／結婚／家族のイデオロギー

第1章　「家族」の時代としての20世紀 ─────────── 3
　1－1　普遍的「家族」観………………………………………………… 4
　1－2　「近代家族」論 …………………………………………………… 6
　1－3　20世紀近代家族としての「家族」……………………………… 7
　1－4　「家族」単位社会の完成 ………………………………………… 8
　1－5　「家族」の時代としての20世紀の終焉 ………………………… 10
　1－6　個人単位の社会へ………………………………………………… 12
　1－7　変わる男女性別概念……………………………………………… 14

第2章　恋愛結婚イデオロギー ──────────────── 21
　2－1　イデオロギー論…………………………………………………… 21
　　（1）イデオロギーの定義　22
　　（2）イデオロギー論の命題（テーゼ）　24
　2－2　ロマンチック・ラヴ・イデオロギー ………………………… 25
　　（1）ロマンチック・ラヴ　25
　　（2）中世ヨーロッパの宮廷風恋愛　26
　　（3）恋愛と結婚の関係　28
　　（4）日本社会における「恋愛」の誕生　29
　2－3　恋愛結婚イデオロギー…………………………………………… 32
　　（1）近代社会の結婚制度　32
　　（2）結婚制度のための「恋愛」　34

第3章　＜性＞の政治社会学　—結婚と婚姻の間— ── 36
　3－1　「結婚」と「婚姻」の区別 ……………………………… 36
　3－2　教会婚から民事婚へ ……………………………………… 42
　3－3　身分登録制度 ……………………………………………… 44
　3－4　日本の戸籍制度 …………………………………………… 46
　3－5　古代天皇制における戸籍制度 …………………………… 47
　3－6　近代天皇制国家の戸籍制度 ……………………………… 49
　3－7　第二次世界大戦後の戸籍制度 …………………………… 56
　3－8　新戸籍法の改「正」 ……………………………………… 61
　3－9　戸籍婚＝「婚姻」の特異性 ……………………………… 66

第4章　育児の社会化について ── 74
　4－1　はじめに：思いこみを脱ぎすてる ……………………… 74
　4－2　子育てはだれのもの？ …………………………………… 75
　4－3　ジェンダー発展途上国・日本の現状 …………………… 76
　4－4　子育てに関するさまざまな神話 ………………………… 85
　　（1）性別役割分担的家族の成立　85
　　（2）近代家族の家族成員の誕生　86
　　（3）さまざまな子育て神話の発生　87
　4－5　おわりに—子育ての社会化へ— ………………………… 89

第Ⅱ部　「性別」問題

第5章　先進技術社会の科学社会学的検討 ── 95
　　—＜インターセックス＞を考える：本質主義から構築主義へ—
　5－1　「性」のことを考える …………………………………… 95
　5－2　「性」の本質主義から構築主義へ ……………………… 95
　5－3　日本語の「性」＝本質 …………………………………… 98
　5－4　体の本質主義—男女二分法—を問う …………………… 101

5－5　性の分化のメカニズム …………………………………… 102
　5－6　半陰陽の生物学的可能性 …………………………………… 104
　5－7　構築された男女二分法 ……………………………………… 107

第6章　なぜ,「性別」が問題となるのか？ ─────── 109
　6－1　「性別」問題 …………………………………………………… 109
　6－2　「社会」の変容 ………………………………………………… 112
　　（1）『近代社会』の誕生　112
　　（2）『近代国家』の成立　113
　　（3）『産業社会』の登場　115
　　（4）『市民社会』の成立　116
　6－3　日本の「近代社会」化 ……………………………………… 117
　　（1）明治維新・王政復古　117
　　（2）明治政府の目標　120
　　（3）明治政府の日本の「近代社会」化の困難　121
　6－4　『近代社会』の変容と「性別」問題 ……………………… 123

第7章　セクシュアリティとナショナリズム ─────── 126
　7－1　セクシュアリティ …………………………………………… 126
　7－2　性現象の社会的／国民的構成 ……………………………… 128
　7－3　レスペクタビリティ（市民的価値観）…………………… 129
　7－4　ナショナリズムとレスペクタビリティの関係 ………… 131
　7－5　ファシズムとセクシュアリティ …………………………… 133
　7－6　現代社会のレスペクタビリティ …………………………… 135
　7－7　ポスト・ナショナリズムのセクシュアリティ ………… 136

第Ⅲ部　日本社会と男女

第8章　ナショナリズムとジェンダリズム ——————— 143
　　　　　―ポスト・ナショナリズムに向けて―
- 8－1　はじめに ……………………………………………… 143
- 8－2　ジェンダーとしての「性別」観 ………………………… 145
- 8－3　近代社会の成立 ……………………………………… 146
- 8－4　国民国家と性別 ……………………………………… 148
- 8－5　ポスト・ナショナリズムの性別観に向けて ……………… 151

第9章　「ジェンダーと開発」論における女性概念について ——— 154
- 9－1　「開発」問題 …………………………………………… 154
  - （1）「持続可能な開発」　154
  - （2）新開発戦略　155
- 9－2　「開発と女性」(WID)論の登場 ………………………… 159
  - （1）国連開発計画　159
  - （2）開発における女性　160
  - （3）WIDイニシアティブ　162
- 9－3　「開発と女性」(WID)から「ジェンダーと開発」(GAD)へ …… 163
- 9－4　「ジェンダーと開発」における女性概念 ………………… 165

第10章　「男女共同参画社会」の中の「男女」概念について ——— 170
- 10－1　はじめに …………………………………………… 170
- 10－2　「男女共同参画社会基本法」を読む ………………… 172
- 10－3　「男女共同参画社会」における「男女」概念 …………… 175
- 10－4　おわりに …………………………………………… 178

APPENDIX　181

INDEX　199

第Ⅰ部
恋愛／結婚／家族のイデオロギー

第1章
「家族」の時代としての20世紀

　私の所属先の文教大学湘南校舎の湘南総合研究所紀要（第3号）の特集「20世紀とは何だったのか」の編集意図は、「・・・20世紀の最も重要な諸問題を選び出し、来世紀を見晴らかす長い文明論的な視野に立って事態を分析し、いきづまりのゆくえや未来へのささやかな希望を大胆に描きたい」というものである。そしていくつかのテーマの中で、わたしは「変わる男と女の関係、そして家族の崩壊」を担当することになった。確かに、『豊かさ、都市化は、男と女の関係や家族という伝統的な生活秩序にも大きな変化をもたらしている。今や家族という単位の機能自体を再定義せざるを得ないほどである。なぜ男と女の役割がかくも変わり家族は「崩壊」するに至ったのか。そしてそのゆくえは。』と、わたしたちは考え直すときにきている。ここで考えるべきこととして提起されているのは、豊かさや都市化と、男女関係や家族の関係性という問題であると理解できるが、わたしは20世紀と家族という問題を主に考えてゆきたいと思う。というのも、まず男と女の関係や役割の原型として措定されるのは家族関係のあり方であるからだ。また確かに豊かさや都市化のゆえに家族に変化がもたらされたともいえる。だが、そこで変化がもたらされている家族という概念自体を、もう一度、歴史的時間の中に埋め戻してやることがより重要であり、この特集の意図により叶ったものになると思われるからである。

　家族というものは20世紀に特有の現象だったのではないかとわたしは考えている。ゆえに、家族を20世紀の特異な現象としてとらえる視角から、家族について考察してみたいと思う。つまり家族という現象は、19世紀以前には生起しなかったし、また21世紀以降にも生起しない、まさに20世紀にのみ固有の現象ではないのかという視点から家族問題を考えたいのだ。ただしここでいう20世紀とは、西暦1901年の1月1日午前0時に始まって、2000年の12

月31日午後12時に終わる100年間の年代や歴史的時代のことを意味しているわけではない。20世紀という時代は，すでに部分的には19世紀に始まっていたし，21世紀にも部分的につながっているはずである。わたしはこうしたグラデーション（連続性）をもった時代として20世紀をとらえている。

1－1　普遍的「家族」観

　家族が急速に変化しつつあるという認識が人びとの間に広がり始めている。家族はこれからどこへ行くのか，いったい21世紀の家族はどうなってしまうのか，といった漠然とした不安感を人びとは募らせているようだ。家族は崩壊しつつある，家族は機能しなくなっている，家族は衰弱していると危機感をあおる言説の数も増えている。具体的には，離婚率の増加・婚姻率の低下・晩婚化・出生率の低下・婚外子出生率の増加などの人口学的変化，そして家庭内暴力・家庭内離婚・家庭内不和・仮面夫婦・父親不在などのいわゆる「家庭」問題が危機をあおる要因とされている。しかしわたしたちが問うべき問題は，「家庭のゆくえ」ではなく，そのように問うときに想定されている家族概念のあり方そのものではないのだろうか。

　これまでの多くの家族論では，戦前の家制度の下での家父長制的なイエと，敗戦後の夫婦と子ども中心の民主主義的な核家族[1]を対比させて家族を理解することが一般的であった。日本の封建的なイエ[2]（旧民法の「家」）から欧米風の理想的で民主的な核家族としての近代的な家族（新民法の家族）への移行は，歴史的必然だと考えられていた。そして核家族は家父長制的なイエ制度からの解放であるととらえられる一方で，戦後の核家族はイエ制度と比べてその基盤が脆弱であると考えている人たちもいる。

　実は，このような家族論で考察されている家族（イエや核家族）には，ある共通した特徴があるように思われる。実際のところ，わたしたちが所属する第1次集団[3]としての家族というものは，あまりにも日常的なもので，それを対象化・相対比する視点をもつことが困難になっているのが現実であろう。多

くの場合，わたしたちの生活の根底をなすと考えられている家族の特性は，生活の基本条件として自明視され，ほとんど意識の対象になることなく，議論以前の前提とされてしまうのだ。したがって，わたしたちの抱く家族観は，みたところでは，それ自体が自然で普遍で不変であると考えられたものが多いのである。つまりほとんどの家族論は，「家族普遍論」（家族は人類普遍だという主張）として展開されているのだ。実はこうした傾向の議論は，一般の人たちの間だけではなく，いわゆる家族論の専門家たちの中にさえ広く浸透している。たとえば家族論の専門家の一役を担っている家族社会学もこの例外ではない。従来の家族社会学の家族についての基本仮説は以下のようなものだと思われている[4]。

1　家族は人類社会に普遍的に存在する
2　家族は歴史や文化差をこえて変わらない本質をもつ
3　家族は集団である
4　家族はおもに親族よりなる
5　家族成員は強い情緒的絆で結ばれている
6　家族のもっとも基本的な機能は子どもの社会化である
7　家族成員は性別により異なる役割をもつ
8　家族の基本型は核家族である

つまり，従来の家族社会学的に定義された家族の特徴は，まず第一にそれが普遍的なものであり，それゆえに家族は文化的・歴史的に不変であることが大前提となっているのだ。ここで定義された家族は，どんな社会においてもまたどの時代においても共通した普遍的本質（価値）をもつものとして理解されているのである。

1－2 「近代家族」論

　従来の家族論とは違って現在の新しい家族論[5]は，歴史的見地に立って家族の普遍性に大きな疑問を投げかけている。ここには従来の家族観は，ある時代に生起した歴史的現象にすぎないという発見があったのだ。そして新しい家族論に導入された主要概念が「近代家族 modern family」という用語なのである。従来の家族論が普遍的な家族の定義として把握していた家族観は，実際には普遍的家族ではなく，近代家族という歴史的な家族観にすぎなかったという発見があったのだ。従来の家族定義とは，実のところ「近代」という歴史的時代に固有の家族のことを指して普遍家族だと称していたにすぎない。こうした近代家族の特徴は理念型として，だいたい以下のようにまとめることができるはずだ[6]。

　1　家内領域と公共領域との分離
　2　家族構成員相互の強い情緒的関係
　3　子ども中心主義
　4　男は公共領域・女は家内領域という性別分業
　5　家族の集団性の強化
　6　社交の衰退とプライバシーの成立
　7　非親族の排除
　8　核家族

　近代家族の特徴といったところで，従来の家族論の定義とあまり変わらないではないかと，疑問に思う人も多いのではないだろうか。家族とはこんなものだし，どの家族も似たり寄ったりで，こうした特徴は当たり前に思えてしまうかもしれない。しかしここで重要なのは，こうした家族の特徴といったものが，まぎれもなく近代社会における家族の特徴であるということを確認しておくこ

となのだ。繰り返していえば,「家族」というものは,歴史的に普遍なものではなく,近代以前には生起していなかった集団であり,近代になって初めて生起した集団にすぎないのである。

　現在の家族論では,近代家族が成立したのは,18世紀後半から19世紀のことだといわれている。とすると,19世紀以降に人類は近代家族を営み始めて,20世紀・21世紀とそれにつらなる時代にも人類は「近代家族」を営み続けていくと考えてしまいがちである。しかし,実はそうではないのではないだろうか。未来のことを知るために,まずは過去を振り返ってみることにする。19世紀以降の近代家族を考えたときにみすごされてしまうのは,19世紀の近代家族と20世紀の近代家族の質的な差異である。確かに近代家族は18世紀後半から19世紀にかけて成立したものであるが,その成立時の近代家族のあり方と,その後の20世紀における近代家族のあり方には,大きな違いがみられるのである。

1－3　20世紀近代家族としての「家族」

　近代家族は,近代社会における中産階級にその基盤がある。おそらくこのことは19世紀にも20世紀もあてはまるだろう。しかしながら19世紀の中産階級と20世紀の中産階級では,社会における位置づけが異なっているのだ。簡単に説明すると,19世紀の中産階級は,資本家階級と労働者階級にはさまれた中間的な,一部の社会階級であったのに対して,20世紀の中産階級は社会の中核的な大多数の階級だということだ。つまり,19世紀の近代家族は,社会の中の部分的な（第1次）集団に過ぎなかったのだ。つまり19世紀には近代家族以外にもいろいろな（第1次）集団の類型があったのだ。これに対して,20世紀の近代家族は社会の中核的な（第1次）集団になっているということが重要な点なのだ。こうした20世紀の現象を,近代家族の大衆化と呼ぶ人もいる。要するに,20世紀に（正確には両大戦期間に）一般大衆の中産階級化つまり近代家族化が生起したのである[7]。

これ以降，一夫一婦の終身婚で，夫に扶養の義務がある専業主婦である妻と2人の子どもという構成が「家族」の原型となった。そして愛情家族という理想化された家族のイメージが，社会の全域に流布していったのだ。それと同時に，公的領域と私的領域の明確な区別，そしてそれぞれの領域の性別化という社会秩序が成立していった。ここで成立した近代家族としての家族観が，それ以後の20世紀において専門家を含めた多くの人たちが家族を想起するときの「家族」の原型となっていった。「家族」とは，実のところ20世紀近代家族[8]のことなのである。

　20世紀後半の「豊かな社会」の経済条件を前提に，「家族」というものは「先進国」ではどこでも同じような標準化した集団となり，だれもが似たような家族像をもちながら生活するようになっていった。つまり「家族」は近代社会の社会制度（規範）の1つになったのだ。「家族」とは，安定した画一的な「普遍的な」イメージをもつ集団となり，20世紀の近代家族の特徴を備えた集団となったのである。

1－4　「家族」単位社会の完成

　「家族」が社会制度（規範）になるということは，その社会の中で生活している人びとにとって「家族」というものが，それに属することがごく自然なことと感じられるような共同体になるということである。共同体としての「家族」に所属すること，そして「家族」を作ることが人びとの生活にとって自明で必然のことになるのだ。そしてその社会の人びとをみるときに，結婚した男女という「家族」の要因が第一義的に重要な意味をもつことになるのだ。また「家族」に属することでさまざまな満足度や幸福感を日常的に得るようになると，「家族」を作るための恋愛や愛情が賛美されるようになる。その構成員（夫婦と子ども）が人間類型（男女の概念）の再生産原理となり，人間（男女）にとって「家族」はすばらしいものだという基本理念が正当性を帯びてくるようにもなるのだ。具体的には異性男女の（恋愛）結婚による愛情家族が人間として自

然のこと，当然のこととなり，人びとの幸福の必要条件とされてきたのだ。20世紀の近代社会は，こうしたひと組の男女の「家族」を単位とする社会であり，そうした「家族」単位を中心として生活・経済・文化・政治の社会制度を編成した社会なのである。

「家族」が単位である社会とは，以下のような制度をもつ社会だと考えることができる[9]。

① 「家族」が社会的単位の標準（規準）であり，その単位の下位構成要素（個々の構成員），あるいは単位の構成要素（夫婦や子ども）以外の要素は，社会の構成要素とみなされず，社会の行為主体の単位ではないとされる。つまり標準世帯「家族」のみが社会の行為主体（一人前の社会単位）とみなされるのだ。標準家族は，非標準家族の成員（独身者・離婚者・非婚者・婚外子・非嫡出子・母子家庭・父子家庭・同性愛者など）を差別することによって成立することになる。

② 下位構成要素はその二者が結合してはじめて1つの「単位」となる。この下位構成要素（二者）は相互に異質の補完的な要素であることが前提とされる。つまり男女の異質で補完的な特性（男女二分法）が本質とされてしまうのだ。したがって夫が外で妻が内といった性別役割分業が正当化され，それは自然なことで不平等なことでないとみなされる。こうした枠組の中で「男らしさ」と「女らしさ」の規範が強制的に形成されることになるのだ。

③ 「家族」的な男女の概念は，結婚によって完全無欠の存在つまり本来の姿となる。未婚の男女は，それ自体では欠陥人間で，不自然であり，定義上「不幸な」人とされてしまう。つまり，結婚は男女にとって当然のことであり，男女の幸福の源泉となるのだ。

④ 強制的な性別役割分業は，自明視され，不平等だとして問題視されることはない。単位としての「家族」内には，抑圧や差別や葛藤といった社会問題は存在しないことになる。家事・育児・世話・介護が問題になるのは，家族の「愛」が不足しているからにすぎないのだ。

⑤ 「家族」は一心同体であり，1人の代表者を有する。「家族」という単位では，個々の構成員の「自己主張」はわがままとして非難・抑圧され，最終的に代表者の意志決定に従属することになっている。「家族」単位の社会では，定義上，男性（夫）が基本的に単位の代表者（世帯主）とみなされ，女子どもは「被扶養者」として従属的な陰の存在となるのだ。

かくして「家族」単位の社会では，賃労働（会社企業）や家事労働（家庭生活）の領域，および国家の領域においても「家族」単位を前提とした編成がなされる。そして「家族」を養う夫は企業社会の一員として会社中心人間となり，家事育児を担う妻は，当然にも家庭的な「女らしさ」の役割を果たす二流の社会人となっていくのだ。また国家も「家族」単位中心の行政（雇用制度・税金制度・年金制度・社会保障制度・育児／教育制度など）を実行することで，異性愛結婚による家族の「男と女」（夫と妻）に正当性を付与する社会制度を形成・維持している。こうして「家族」単位の社会は，正統なる家族的な「男と女」で構成された社会になるのだ。「家族」単位の社会の中の個人は，あくまでも「家族を背負った個人」にすぎず，そこでの個人は必然的に「家族の一部分」とされてしまうのだ。つまり非家族的な個人や男女のあり方は正当化されず，想像することさえできなくなっているのだ。「家族」単位の社会においては，家族的な性別秩序や個人観が強制されてしまうのである。

1-5 「家族」の時代としての20世紀の終焉

20世紀の後半，特に70年代以降に家族生活の領域で生起している現象は，「家族」の多様化そして家族の「個人化」のようである。核家族・法律婚家族のみならず，拡大家族世帯・事実婚家族・同棲家族・離婚家族・再婚家庭・子なし家族・共働き家族・友人家族・ペット家族・ホテル家族・同棲愛者家族・単身世帯などといった家族の多様化が起こっている。これまで自明視されてきた「標準世帯」だけを家族だとみなすことに異議を唱える人びとの数が無視で

きないほど多くなってきたのだ。また，結婚しない男女，未婚，独身，非婚，同居カップル，シングル・マザー，婚外生殖，女性の脱専業主婦化，男性の脱会社人間化などこれまでの家族を前提としないライフスタイルも「正当」な市民の生活として（少なくとも他人事としては）認知される社会が到来しているのだ。さらには，家族を1つの選択肢として，個人のライフスタイルとして意図的に選択したいという意識の人も現れるだろう。家族になって個人が完結するのではなく，「個人」の私的な選択の結果としての家族生活を意識する人びとの出現である。つまり「個人化する家族」[10]として指摘されている現象のことである。

　こうした現象が顕在化するにつれて，「家族の崩壊」という不安はますます高まりつつある。そして家族の「個人化」現象が顕著になり，たとえば家族をゲマインシャフト（運命共同体）としてではなく，ゲゼルシャフト（契約関係）として意識する人びとの数が増えつつあるのだ[11]。「家族生活は人の一生の中であたり前の経験ではなく，ある時期に，ある特定の個人的つながりをもつ人々とでつくるもの」[12]と考える人びとの出現である。20世紀の終焉と共に，家族もバラバラの個人となるような終末論がリアリティをもって語られるようになっているのだ。

　20世紀近代家族観は，「家族」単位の社会を編成してきたが，この「普遍的な」家族像は，まさにその幻想性を自覚する「幻滅」の時代に入りつつあるようだ。美化され理想化されていた観念は，現実に起こっている数々の特異現象によってその幻想性が明らかにされつつあるのだ。普遍的な永久不変のものとしての20世紀近代家族の幻想がもたらすさまざまな現実的な矛盾・不満・疑問・危機・不平等・問題・抑圧・負担などに対する認識が深まり，現状に対する異議申し立てが起こりつつあるのだ。

　こうした20世紀近代家族の変動期には，さまざまな家族論[13]が登場することになる。これが現在生起している情況であろう。こうした近代家族の崩壊の危機を前にして，ある人びとは保守的な反応として，「家」制度の復活や近代家族規範の強化を主張している。また近代家族幻想にどっぷり浸かり，ひた

すら「家族」の普遍性の神話を物語る人もいる。しかし現実的な対処を試みる人びとは，近代家族とは異なる「新しい家族」のあり方を提案し，危機を乗り切ろうとしている。進歩的な人びとの中には，男女平等主義的な21世紀家族を提唱している人もいる。しかしわたし自身は，近代家族の代替案として「家族」を選択肢の1つとして残すようなリベラルな「個人化する家族」論（個人の私的な選択の結果としての家族論）の立場とは別の可能性を検討してみたいと思う。「家族」単位社会について，その終焉の検討である。

　20世紀の「家族」単位の社会の終焉ということは，実のところもうすでに20世紀の始まる前の19世紀の後半に，その兆しが見えていたのではないか。家族に所属することが自然でも必然でもないと考えて非家族的な生活を実践している人びとの存在の再発見がもたらす兆しのことである。「家族」単位の社会の終焉つまり「家族」単位の社会ではない社会の可能性は，近代家族の誕生以前に，その実現が予兆されているのである。以下では「家族」単位の社会ではない個人単位の社会について考察してみる。

1-6　個人単位の社会へ

　20世紀は確かに，20世紀近代家族としての「家族」単位の社会を完成させた。

　つまり20世紀近代家族は1つの社会制度となったのだ。それゆえに，21世紀に入っても20世紀近代家族の幻想にとらわれ，「家族」共同体の中で生活を送る人たちも数多くいるにちがいない。しかしもう一方で，結婚や家族生活に積極的には参与しない人びとも出現するのであろう。消極的な意味で「結婚ができない」，「家族生活が送れない」というのではなく，あえて結婚や家族を選択しなくても，十全な市民生活や親密な人間関係を維持できる人びとのことである。すなわち市民生活や親密な人間関係の前提条件に家族や結婚を置かずに，十全な人生を送れる人びとである。このような人びとで構成される社会のことを，「個人単位の社会」あるいは「シングル単位の社会」[14]と呼んでいる人も

いる。

　20世紀の近代「家族」単位の社会では，男女の性別役割分業に基づく性別観が自明視されており，そこでの個人とはこのような家族的な男女一対の片方のこと，とりわけその男の方のことであった。このような個人が男女2人で築くものが結婚あるいは家族である。つまりここで想定されている個人とは，男女2人で結婚することが自然であることが前提とされた個人なのである。家族的な個人のことを，一般にはなにも形容詞をつけずに個人といっているのだ。通常の個人とは，暗黙の前提として，家族的男女の片方のことであり，家族的個人以外の個人の存在は想像もつかないものとなっているのだ。

　これに対して，「個人」単位の社会の個人とは，夫でも妻でも，夫婦でも主人でも，母でも父でも，親でも子でも，（性別役割分業的な）男でも女でもない主体をもった人間存在のことを指している。つまり家族的な個人のことを指しているわけではないのだ。家族を前提にした人間関係・社会関係の中で果たす役割を担っている人のことを指して「個人」とは呼ばないのだ。こうした「個人」単位の社会における個人とは，（性別役割分業的な）男女二分法や結婚制度的役割（夫婦・父母・配偶者など）を前提としないで市民生活を送り，親密な人間関係をもっている「単独者」のことである。「家族」単位の社会に慣れ親しんだ人には，こうした「個人」単位の社会の個人を想像することは非常に困難なことにちがいない[15]。

　「個人」単位の社会とは，「性差や結婚というものが1人の人間をみるうえで無関係になる社会」であり，個人がすべての面（政治・生活・経済・文化）で単位となっている社会である。つまり「個人をみるうえで性差や結婚というファクターが非常に重要な意味をもっている社会」が前提の「家族」単位の社会とはまったく別の社会のことなのだ。要するに「個人」単位の社会とは，「家族がいるかいないか，どんな家族とかに無関係に，個人の自由を大切にする仕組み」（制度）でできた社会のことなのである[16]。

1−7　変わる男女性別概念

　「家族」単位の社会から「個人」単位の社会への移行は，20世紀から21世紀へという自然な時間的推移によって生じるわけではない。こうした移行には，さまざまな社会制度の変革が必ず伴わざるを得ないのだ。つまり「家族」単位の社会を支えている諸々の社会制度を，「個人」単位の社会を保障する社会制度へ変革しなくてはならないのだ。「個人」単位の社会とは，20世紀近代家族幻想としての「家族」単位の社会が解体した後にくる代替的な社会概念であり，現実的には「個人」単位の社会の編成過程としてしか実現しないものである。
　「家族」単位から「個人」単位への移行，つまり家族が解体して「個人」単位になるということは，社会が解体することではなく，また性愛や育児を含む親密な人間関係がなくなるわけでもない。あるいは男女の性別概念それ自体がなくなるわけでもない。親密性や性愛や性別や人間関係がなくなるのではなく，個人単位のものに変化するのだ。「家族」単位の社会観しか想像できない人には，このことがなかなか理解できないのである。
　「家族」単位の社会しか理解できない人は，現実問題として，「家族」単位の性別概念しか理解できないようである。そうした人にとっての男女の性別とは，近代家族的な男女（夫婦）に基づく性別のことでしかなく，男女性別役割分業的な男女観のことを意味している。つまり，近代的な相補的な男女二分法的な男女しか想像できなくなっているのだ。「家族」単位の社会における社会制度がもたらす男女性別概念が唯一の性別概念となってしまっているからだ。
　したがって，「個人」単位の社会へ移行するための社会制度の変革には，性別概念の社会秩序の変革も含まざるを得ないのだ。政治・経済・文化・生活のあらゆる社会制度の変革は，性別概念という社会秩序の変革と同時進行とならざるを得ないことになる。家族的な男女性別概念から個人的な男女性別概念への移行である。
　個人単位の社会では，「家族」単位の社会における男女のあり方，性別概念

が変化して，男女二分法的な性別概念は規範としては使用されないであろう。男女が結婚して家族を作るという男女性別概念は，制度的な支持を得ることはなく，性別概念の単なる1つの用法になるであろう。「個人」単位の社会でも，性別概念そのものはなくならないであろうが，男女のあり方，役割のあり方，性愛のあり方は，「家族」単位の社会のものとは，制度的に異なっているはずである。このような性別概念に基づいた「個人」単位の社会では，20世紀とは別の「新たな」人間関係・社会関係・社会制度が編成されることになるであろう。

【注】

(1) 核家族（nuclear family）とは，夫婦と未婚の子どもからなる家族のことであり，家族を構成する最小構成単位である。この家族の最小構成単位としての核家族が，他のものと組み合わさってさまざまな形態の具体的な家族をつくるとされるのだ（マードック参照）。通常日本語でいわれている「核家族」は，正確にいえば核家族「世帯」のことを指しているらしい。「核家族」論は，家族普遍論の典型である。

(2) 封建制の家族は，女性にあからさまに暴力がふるわれ，女性を家系を絶やさないための子産みの道具とし，社会的に無権利状態に置き，家事・育児などの女性役割を自己犠牲的に押しつけ，そのうえで女性の自己犠牲を美化するような性差別的な家父長制家族だと一般にみなされている。

(3) 第1次集団とは，アメリカの社会学者のクーリーが命名した集団類型で，親密で対面的な関係と協同を特徴とする小規模な集団を意味する。家族・近隣・遊び仲間などがその代表例とされる。

(4) 落合1997，p.105. 参照。

(5) ここでいう現在の家族論とは，社会史や社会人類学や歴史社会学の成果を踏まえた家族論のことを指している。

(6) 落合1997，p.103. 参照（このまとめには，家族と性愛の関係が捨象されている）。山田（1994）は，近代家族の基本的性格として次の3点を挙げている。1．外の世界から隔離された私的領域，2．家族成員の再生産・生活保障の責任，3．家族成員の感情マネージの責任。ショーター（1987）の近代家族の3要素は，1．ロマンス革命，2．母子の情緒的絆，3．世帯の自律性である。

(7) 日本社会において，一般大衆の中産階級化＝近代家族化が成立し始めるのは，大正

期以降のことである。都市化＝産業社会化の成立とパラレルである。このことが社会全域に普及するのは，第2次世界大戦後のことである。そして固定化＝完成化していくのは高度成長期のことだ。さらに今現在（70年代後半以降）は，黄昏れ期に入っている。落合はこのような日本の近代家族のことを「家族の戦後体制」と呼んでいる。その特徴は次の3つである。1．女性の主婦化，2．再生産平等主義（二人っ子化），3．人口学的移行期世代が担い手（人口学的移行期における核家族化）（落合1997, p.101）。

(8) 20世紀近代家族とは，より具体的にいえば，公的領域とは区別された私的領域において真実の愛と性の結合によって（恋愛）結婚した1組の夫婦が，夫婦中心主義によって（賃労働と家事労働の）性別役割分業に基づきながらも対等な人間関係（＝友愛関係）を作る家族（とその変種）のことである。これこそが理想的で普遍的な家族だという感覚を伴うことが多い。しかし，20世紀近代家族の黄昏れ期には，その変種のあり方が顕在化する傾向がある。現象的には，女性の脱専業主婦化，出産育児の脱家内化，女性の就労化（脱性別役割分業化），単婚的異性愛の脱中心化などが顕著になってくる。

(9) 伊田1998a，pp.10-12参照。なお日本社会におけるイエや核家族も「家族」単位の一変種である。20世紀の社会科学における社会理論の大部分は，「家族」単位社会論である。

(10) ここでいう「個人化する家族」現象と，次の6節でいう「個人単位の社会」とは似て非なる概念である。家族の個人化では，家族の存在は既成の前提でなくあくまでも個人の選択の1つの結果にすぎないことに力点があるが，「個人単位の社会」の強調点は，「個人」概念の変更にある。つまり「家族単位の社会」の中で選択する個人の性別概念と「個人単位の社会」の個人の性別概念の区別に力点があるのだ。要するに「家族単位の社会」の個人のもつ家族的な性別概念と，「個人単位の社会」の個人の非家族的な性別概念の相違である。個人の「選択」の存否ではなく，「個人」の性別概念における家族的なものの存否が区別の基準なのである。

(11) ドイツの社会学者F．テンニエスの規定では，ゲマインシャフトとは人間の自然な本質に基づく有機的な社会関係態であり，ゲゼルシャフトとは思考の選択意志に基づく機械的な社会関係態のことである。

(12) 目黒1987，p.iv.参照。

(13) 伊田は，日本社会の明治からの現在までの「家族」形態を，「近代（性別）秩序導入型家族」「農村・都市連結型家族」「都市賃労働者家族導入型家族」「戦時動員型性別秩序」「専業主婦型家族」「パート妻型家族」「両生疑似パート型家族」と呼んでいる

(1998b, pp.83-96)。いうまでもなく,「専業主婦型家族」が20世紀近代家族(資本制型性別秩序)の基本型となっている。

⑭ 歴史的に見るならば,こうした目標に基づく社会運動の顕在的な現れの1つがフェミニズム(女性解放思想)の運動であった。いわゆる第1波・第2波のフェミニズム運動の主要な主張には常に「家族」解体があった。しかしながら「家族」単位社会の中では,こうした主張点はなかなか実践的には実現されなかったのだ。

⑮ 伊田は「個人」概念に代えて「シングル」概念を用いる理由を次のように挙げている。

①「エゴイズムとしての個人主義」のような個人概念との混同・誤解を避ける。②近代的個人概念は男女二分法と対立しないように理解されている。③個人概念は通常では結婚制度の「夫」や「妻」という役割と対立しない(1998b, p.17)。

⑯ 伊田はより具体的に以下のように述べている。「各人は,パートナー込みで考えず,自分の食いぶちは自分で稼ぎ,同時に自分で家事をする。2人は「1人ではなく2人」だと認める発想である。2人で暮らしていても,基本的に家計は各人ごととする。子どもがいるなら,男女にかかわりなく自分で育児をする。妻にまかせたらいいとか,夫に稼いでもらうという発想自体を排除するのである。同時に子どもを所有物ととらえず,子ども個人の権利を尊重する。自分で行い,自分で責任をとる。すべてを自分個人を単位に考えること,ここからシングル単位社会への変革は始まる。」(1998b, p.102)。

【参考文献】

(1) AERA Mook 39『家族学のみかた。』朝日新聞社,1998年。
(2) 青井和夫『家族とは何か』講談社,1974年。
(3) 浅野素女『フランス家族事情－男と女と子どもの風景－』岩波新書,1995年。
(4) P．アリエス(杉山・杉山訳)『〈子供〉の誕生』みすず書房,1980年。
(5) 有地亨『家族は変わったか』有斐閣,1993年。
(6) 石川実編『現代家族の社会学』有斐閣,1997年。
(7) 石川・大村・塩原編『ターミナル家族』NTT出版,1993年。
(8) 伊田広行『性差別と資本制－シングル単位社会の提唱－』啓文社,1995年。
(9) 伊田広行『シングル単位の恋愛・家族論』世界思想社,1998年。
⑽ 伊田広行『シングル単位の社会論』世界思想社,1998年。
⑾ 伊田広行編『セックス・性・世界観』法律文化社,1997年。
⑿ 井上輝子・江原由美子編『女性のデータブック－性・からだから政治参加まで』有

斐閣，1991年。
(13) 井上輝子・江原由美子編『女性のデータブック［第2版］』有斐閣，1995年。
(14) 井上・大村編『ファミリズムの再発見』世界思想社，1995年。
(15) 岩月謙司『家族のなかの孤独』ミネルヴァ書房，1998年。
(16) 岩波講座現代社会学19『〈家族〉の社会学』岩波書店，1997年。
(17) 上野千鶴子『家父長制と資本制』岩波書店，1990年。
(18) 上野千鶴子『近代家族の成立と終焉』岩波書店，1994年。
(19) 大橋照枝『未婚化の社会学』日本放送出版協会，1993年。
(20) 岡崎陽一『家族のゆくえ』東京大学出版会，1990年。
(21) 落合恵美子『21世紀家族へ』有斐閣，1994年。
(22) 落合恵美子『21世紀家族へ［新版］』有斐閣，1997年。
(23) 落合恵美子『近代家族とフェミニズム』勁草書房，1989年。
(24) 鹿嶋敬『男と女　変わる力学－家庭・企業・社会－』（岩波新書）岩波書店，1989年。
(25) 春日キスヨ『父子家庭を生きる』勁草書房，1989年。
(26) 金井淑子編（ワードマップ）『家族』新曜社，1988年。
(27) 川島武宜『イデオロギーとしての家族制度』岩波書店，1959年。
(28) D．ギティンス（金井・石川訳）『家族をめぐる疑問』新曜社，1990年。
(29) A．ギデンズ（松尾・松川訳）『親密性の変容』而立書房，1995年。
(30) 木本喜美子『家族・ジェンダー・企業社会』ミネルヴァ書房，1996年。
(31) 金城清子『家族という関係』（岩波新書）岩波書店，1985年。
(32) W．J．グード（松原・山村訳）『家族』至誠堂，1964年。
(33) J．F．グブリアム＆J．A．ホルスタイン（中河・湯川・鮎川訳）『家族とは何か』新曜社，1997年。
(34) C．H．クーリー（大橋・菊池訳）『社会組織論』青木書店，1970年。
(35) S．クーンツ（岡村ひとみ訳）『家族という神話』筑摩書房，1998年。
(36) 厚生省編『厚生白書－平成10年版』ぎょうせい，1998年。
(37) 斎藤学『「家族」という名の孤独』講談社，1995年。
(38) 坂本佳鶴恵『〈家族〉イメージの誕生』新曜社，1997年。
(39) 桜井厚・桜井洋子『幻想する家族』弘文堂，1987年。
(40) 桜井哲夫『家族のミトロジー』新曜社，1986年。
(41) 佐藤・公文・村上『文明としてのイエ社会』中央公論社，1979年。
(42) 清水昭俊『家・身体・社会－家族の社会人類学－』弘文堂，1987年。
(43) 下川耿史／家庭総合研究会編『昭和平成家庭史年表1926－1995』河出書房新社，

⑷4　1995年。
⑷4　E．ショーター（田中・岩橋ほか訳）『近代家族の形成』昭和堂，1987年。
⑷5　鈴木光司『家族の絆』PHP研究所，1998年。
⑷6　スタジオ・アヌ編『家族？』晶文社，1986年。
⑷7　L．ストーン（北本正章訳）『家族・性・結婚の社会史』勁草書房，1991年。
⑷8　M．セガレーヌ（片岡ほか訳）『家族の歴史人類学』新評論，1987年。
⑷9　関曠野『野蛮としてのイエ社会』御茶の水書房，1987年。
⑸0　芹野陽一編『〈家族〉からの離脱』社会評論社，1997年。
⑸1　匠雅音『核家族から単家族へ』丸善，1997年。
⑸2　坪内玲子『日本の家族』アカデミア出版会，1992年。
⑸3　F．テンニエス（杉之原寿一訳）『ゲマインシャフトとゲゼルシャフト』（上下）岩波文庫，1957年。
⑸4　東京大学公開講座『家族』東京大学出版会，1998年。
⑸5　利谷信義『家族と国家』筑摩書房，1987年。
⑸6　戸田貞三『家族構成』新泉社，1937年。
⑸7　J．ドンズロ（宇波彰訳）『家族に介入する社会』新曜社，1991年。
⑸8　中根千枝『家族の構造』東京大学出版会，1970年。
⑸9　中根千枝『家族を中心とした人間関係』（学術文庫）講談社，1977年。
⑹0　中野収『「家族する」家族』有斐閣，1992年。
⑹1　日本経済新聞社編『女たちの静かな革命』日本経済新聞社，1998年。
⑹2　野々山久也ほか編『いま家族に何が起こっているのか』ミネルヴァ書房，1996年。
⑹3　T．パーソンズ（橋爪貞雄ほか訳）『家族』黎明書房，1981年。
⑹4　S．ハイト『新家族論（上下）』同朋舎出版，1995年。
⑹5　博報堂生活総合研究所『(調査年報1998)連立家族』博報堂サービス商事部出版係，1998年。
⑹6　比較家族史学会編『事典家族』弘文堂，1996年。
⑹7　久武・戒能・若尾・吉田『家族データブック』有斐閣，1997年。
⑹8　福島瑞穂『結婚と家族－新しい関係に向けて－』（岩波新書）岩波書店，1992年。
⑹9　布施・玉水・庄司編『現代家族のルネッサンス』青木書店，1992年。
⑺0　別冊宝島231『結婚のオキテ』宝島社，1995年。
⑺1　正岡寛司『家族－その社会史的変遷と将来－』学文社，1981年。
⑺2　松岡・丸島編『家族』同文社，1994年。
⑺3　松原治郎『核家族時代』日本放送出版協会，1969年。

(74) G.P.マードック（内藤莞爾藍訳）『社会構造』新泉社，1978年。
(75) M.ミッテラウア（若尾・服部ほか訳）『歴史人類学の家族研究』新曜社，1994年。
(76) 目黒依子『個人化する家族』勁草書房，1987年。
(77) 森岡清美『家族周期論』培風館，1973年。
(78) 森岡清美『現代家族の社会学』放送大学教育振興会，1991年。
(79) 森岡清美『現代家族変動論』ミネルヴァ書房，1993年。
(80) 森岡清美・望月嵩『新しい家族社会学（改定版）』培風館，1987年。
(81) 森永卓郎『〈非婚〉のすすめ』（現代新書）講談社，1997年。
(82) 牟田和恵『戦略としての家族－近代日本の国民国家形成と女性－』新曜社，1996年。
(83) 山田昌弘『結婚の社会学－未婚化・晩婚化はつづくのか』丸善，1996年。
(84) 山田昌弘『近代家族のゆくえ－家族と愛情のパラドックス』新曜社，1994年。
(85) 湯沢雅彦『図説　家族問題の現在』日本放送出版協会，1995年。
(86) 湯沢雅彦『図説　現代日本の家族問題』日本放送出版協会，1987年。
(87) 善積京子『〈近代家族〉を超える』青木書店，1997年。
(88) R.D.レイン（阪本・笠原訳）『家族の政治学』みすず書房，1979年。
(89) レヴィ＝ストロース（馬淵・田島監訳）『家族の基本構造（上下）』番町書房，1977／1978年。
(90) 渡辺祥三『日本社会と家族』労働旬報社，1994年。

第2章
恋愛結婚イデオロギー

2-1 イデオロギー論

　これまで社会学者は「イデオロギー」という言葉を用いることがよくあった。たとえば，『社会学中辞典』（ミネルヴァ書房，1996年）で「和文索引」のイデオロギーの項目をみてみると，以下のページが示されている。そしてそのページにはその下記にあるような文が載っている。

　　52 「資本家階級はその階級利害のゆえに特殊な〈イデオロギー（Ideology）〉を採用する」
　　77 「『信念体系（belief system）』『価値体系（system of values）』『イデオロギー（Ideology）』というような，より細分化された概念」
　115 「『選択の自由（freedom of choice）』といった〈イデオロギー〉……平和主義的イデオロギー（社会主義のような）……」
　171 「〈イデオロギー〉が人びとの頭の中にある観念や信念ではなく，社会過程（social process）として，より広い意味で理解されるべきである」
　199 「20世紀マルクス主義社会学の多くは，〈イデオロギー〉分析への関心によって占められている」
　204 「医療技術の使用を正当化する〈イデオロギー〉」
　216 「ナショナリズムとは，……という考え方に基づいた〈イデオロギー〉である」
　310 「それ（社会学）は，資本主義の特定の発達段階に対応した一種の〈イデオロギー〉とみなすべきである」

326「〈イデオロギー〉の機能は主体を役割の占有者，社会構造の担い手として構成することだ」

このように用いられる「イデオロギー」とはどのような概念であるのか。このことを理解するのがこの章の目的である。そしてここでテーマとして用いるのは「恋愛・結婚」についてである。

（1）イデオロギーの定義

さて先の辞典によれば，イデオロギーとは，「緊密であれ緩やかにであれ相互に関係しあってひとつのまとまりを形成している信念・態度・意見」と定義されている。広義には，とりあえず「思想・観念・概念・意識・信念・信条・意見・主張・態度などの一貫した体系／統一体」のことを意味しているようだ。「観念形態」と表記されることも多い。つまりイデオロギーとは「（根本的な）ものの考え方のまとまり」のことである。こうしてみると，イデオロギーとは，「……主義（イズム）」というような言葉で表現されるような，非常に抽象的な「観念」だけを指している言葉であるように受け取れる。だが，この章の目的は，「イデオロギー」という概念が，このようなものだけでなく，私たちの日常生活においてまさに生きられているものであることを示すことにある。

では社会学者はなぜこのような「ものの考え方のまとまり」に注目するのだろうか。それは，このようなものの考え方のあり様が，私たち人間の日々の行動や行為やふるまいを規定している，と多くの社会学者が理解しているからだ。私たち人間の日々の生活における活動や行動は，（無自覚であれ意識的であれ）私たちの抱いているこのような「ものの考え方」に影響を受けている。したがって，私たち人間の行動や行為の仕方を理解したいならば，まずは私たち人間のこうした「ものの考え方」のあり様を理解することが非常に重要になる。通常，私たちは日々の生活において行っている行為や活動が，ある「ものの考え方」に影響されていることはほとんど自覚していない。ところが，社会学者は，ある「ものの考え方」が，私たちの日々の生活の活動や行為を動機づけ，

方向づけ，価値づけ，条件づけていると考えているのである。

　しかし社会学で用いる「イデオロギー」という言葉は，単にこうした「ものの考え方のまとまり」のことを指すだけでない。実はその前提として，このような「ものの考え方のまとまり」は，自然に発生したものではなく，歴史的・社会的に形成されたものだという理解も含んでいるのである。イデオロギーというのは，個人ではなく，一定の社会集団における「ものの考え方のまとまり」のことを意味しているのだ。つまりイデオロギーとは，一定の社会的・歴史的な条件に制約されているものの考え方のことなのだ。たとえば，ある社会集団（アメリカ合衆国のような国家・新中産階級などの階級・若者などのような年齢階層など）にはそれぞれに固有の（政治・経済・文化・生活についての）信念体系があるととらえているのだ。ものの考え方は，歴史的・社会的な立場や利害を反映しているとみなされているのである。

　したがってイデオロギーというのは，ある社会集団の特異なものの考え方のことを指す言葉でもあるのだ。そしてこうした信念体系には，中心となる価値観があるとみなされている。これは，たとえば国際問題などで，東側陣営と称された集団の「共産主義」というイデオロギーとか，近代国家と呼ばれる集団の「ナショナリズム」というイデオロギーなどの用法にみられるものである。

　また，ある価値判断をもった立場から，こうした「信念体系」のあるものが否定的にあるいは批判的にみられる場合もある。たとえばある考え方を，現実の生活から遊離した「観念論」だとして批判する場合などである（この場合の「観念論」とは，現実に立脚しない，つまり現実離れした，頭の中だけで考え出された考え方のことを指している）。このときには，ある特定の価値判断の立場からの一定の「現実」観が大前提とされている。そして，この一定の「現実」観からみたある考え方の「虚偽」や「誤謬」などが議論や論争の中心となってくるのだ。議論の焦点は，ある考え方を批判している立場のもつ「現実」観それ自体の正しさや正当性，そしてその正当性の根拠などに合わせられているのである。

(2) イデオロギー論の命題（テーゼ）

　このように人間の「ものの考え方」の形態を社会的・歴史的に規定されたものとしてとらえる議論のことを，社会学では「イデオロギー論」と呼んでいる。たとえば，その代表選手であるマルクス主義の史的唯物論では，「人間の意識がその存在を規定するのではなく，逆に，人間の社会的存在がその意識を規定する」と述べられている。ここでいう社会的存在とは，社会の経済構造をなす生産諸関係を土台として形成される人間の社会関係の総体のことである。そしてこの社会的存在＝社会関係の総体が，人間の意識・ものの考え方・観念形態を規定するというのだ。特にマルクス主義では，社会関係の土台である生産関係や社会階級の利害がイデオロギーのあり方に影響を与えていると考えられているのである。

　また，古典的社会学者のマンハイム（Mannheim, Karl）の知識社会学には，「知識の存在被拘束性」というテーゼがある。知識社会学とは，知識（や認識活動）と社会の関係を研究する社会学の１つである。ここでは知識が存在によって拘束されているという存在被拘束性が議論されているのだ。この議論では，（思想・認識・理論・意識・認知・文化などという）知識を，その内在的な論理展開の法則からとらえるのではなく，外在的な要因（＝論理外の歴史的社会的条件）との関連で，社会的・歴史的存在によって拘束されたものとしてとらえようとしているのである。

　こうしたイデオロギー論には，一体「規定」とは何なのか，規定と拘束と決定はどのようにちがうのか，規定の程度はどのくらいなのか，どのように規定されるのか，などといった議論が含まれている。また，社会的存在や社会的条件の具体的な要因とは何なのか，イデオロギーの経済決定論なのか，イデオロギーの相対的独立論なのか，社会的存在の客観的把握はいかにして可能なのか，特定の価値判断の立場それ自体にイデオロギー性はないのか，社会的に規定された信念体系はそれ自体で虚偽の信念となるのか，イデオロギーの主体は誰なのか，などという問題も議論されている。最近の問題提起としてはイデオロギーが「頭の中にある思想」なのかというものがある。

2-2 ロマンチック・ラヴ・イデオロギー

　上記のイデオロギー論の理解を踏まえて以下では「ロマンチック・ラヴ・イデオロギー」ということについて考察してみたい。この言葉は，「ロマンチック・ラヴ」というイデオロギーを意味している。つまり「ロマンチック・ラヴ」をイデオロギーとしてとらえて，この「ロマンチック・ラヴ」という考え方が，歴史的・社会的に規定されたものだと把握していくのである。

(1) ロマンチック・ラヴ
　ロマンチック・ラヴ（romantic love）とは，今の日本語でいえば「恋愛」というものに一番近いだろう。「恋愛」とは，男女の恋慕の情のことであり，異性への愛着的態度のことである。ある辞書によれば「恋愛」は次のように定義されている。「特定の異性に特別の愛情をいだき，高揚した気分で，2人だけで一緒にいたい，精神的な一体感を分かち合いたい，出来るなら肉体的な一体感も得たいと願いながら，常にかなえられないで，やるせない思いに駆られたり，まれにかなえられて歓喜したりする状態に身を置くこと」これである。別の社会学事典では「特定の異性の個性に執着し，対象を純化，理想化する情熱的な愛をさす。このとき，人格的な愛であると同時に，人格の等価性の意識が前提とされている」と記述されている。またある英語の事典では romantic love は「理想化・肉体的魅力・憧憬・過度の幻想に基づいた非常に情緒的で『夢想的な』人間関係だが，通常は人生の実際の，地に足のついた現実が無視されている」と定義されている。

　こうしたロマンチック・ラヴや「恋愛」は通常，文化の相違にかかわらず，普遍的であると考えられている。つまり，男と女がいればどこでも，あらゆる人に男女の恋愛が生まれるのは当然なことで，異性への愛情は自然なことだと理解されている。そしてどんな社会・文化にも男女は存在しているのだから，どんな社会・文化にも恋愛は生じる。恋愛に関心のない人などいないのだ。こ

う考えられているのである。あるいは男女の恋愛は、（生殖のための）自然的・本能的な性衝動に基礎づけられたものだから、あらゆる時代や社会や文化に（その形態は違っても）生起するものだと理解されているのだ。

ところが、「ロマンチック・ラヴ・イデオロギー」という発想は、ロマンチック・ラヴや恋愛というものが、普遍のものではなく、歴史的・社会的に規定されたものだととらえる考え方なのである。このことを以下でより詳しく考察してみたいと思う。実のところ、「ロマンチック・ラヴ」という考え方は、中世ヨーロッパの歴史的産物に他ならず、12世紀の南フランスの吟遊詩人（トルバドール）たちが発達させたものであるということが徐々に人文・社会科学の知識として理解されてきているのだ。つまりロマンチック・ラヴという理念は主に、中世ヨーロッパの騎士道精神の世界や宮廷社会の中から形成されたものだということがわかってきたのである（「恋愛？　それは12世紀の発明だ」といわれているのだ）。

（2）中世ヨーロッパの宮廷風恋愛

こうしたロマンチック・ラヴの原型は、騎士道的な宮廷風恋愛（courtly love）にみいだせるといわれている。そしてこの騎士道的な宮廷風恋愛は、（アーサー王伝説の1つである）「トリスタン（とイゾルデ）物語」にその典型がみいだせる。これは、ヨーロッパ中世の騎士トリスタンと彼の伯父マルク王の王妃イゾルデ（あるいはイズー）悲恋物語である。こうした物語の中では、中世の騎士たちが既婚の貴婦人を相手に行う絶対的献身の恋愛話が展開するのだ。そしてテーマとしては、「結ばれない」恋愛が中心となっている（「結ばれる」とは、主に結婚あるいは肉体関係のことを意味している）。ここで表現される恋愛は、常に「姦通」「不倫」の関係であり、この恋愛は決して「成就」することがないことが運命づけられている。つまり恋愛と結婚（あるいは性交）は（実行上はともかく理念的には）対立概念となっているのだ。したがって宮廷風「恋愛」は、本質的に、自己否定的な関係のことなのである。

12世紀の西欧（とくに南仏のプロヴァンス地方）に生まれた男女の恋愛様式で

ある宮廷風恋愛以前に,「恋」や「愛」といったものがなかったわけではないだろう。「宮廷風恋愛の技術」は，たとえば古代ローマの詩人オウィディウス (Ovidius Naso, Publius) の著作『恋の技術（アルス・アマトリア）』に起源をみいだせるともいえる。また，少年少女の牧歌的な恋物語（パストラル）もずっと昔から脈々と続いていたであろう。しかし，宮廷風恋愛様式の「発明」によって西欧社会は歴史上初めて恋愛の何たるかを，つまりロマンスを否定的にではなく，肯定的な価値として認識したのである。それ以前の「恋」には，何か特別な観念的意味があったわけではなく，あったとしても「狂気」という負の意味が付与されていた。先のオウィディウスも，12世紀になって改めて復活したのであり，南仏のトルバドールたちに特別の影響を与えながら，中世社会に流布していったのだ。12世紀を境にして，「恋愛」観が大幅に変化したのは確実だ。これは「恋愛革命」と呼びうるほどの大きな変化だったのだ。12世紀以前の人びとには，宮廷風恋愛の理念は理解の範囲を越えたものに映ったにちがいない。この恋愛様式は，12世紀以後の西欧とりわけ西欧文学に恋愛物語の雛形を提供し続けているのである。

　では，「恋」の功利主義者あるいは「恋」の権謀術数家であった古代ローマのオウィディウスには無縁かつ理解不可能な12世紀西欧の宮廷風恋愛の理念，つまりトルバドールたちの詩の主題には，一体どんな特徴があったのだろうか。第一の特徴は，この宮廷風恋愛が，既婚の貴婦人と騎士の間の「姦通恋愛」だということである。あくまでもキリスト教的結婚制度の枠外の男女の関係なのだ。つまり情事の最良の相手は人妻なのである。男である騎士は，愛する女性である貴婦人（マ・ダーム）を神のように崇拝し，（封建領主のごとき）「わが主君」として絶対的な服従の対象としたのだ。実は宮廷風恋愛は，中世の身分制度に敵対するのではなく，むしろ身分制度を補強するように機能しているのだ。こうした絶対的献身などは，古代ローマのオウィディウスにとってはまったくばかばかしい話だったにちがいない（どうも12世紀の南仏のトルバドールたちは，イスラム教スペインの文化に影響を受けていたようだ）。第二の特徴としては，こうした女性への恋愛によって男は，自らの精神や人格を陶冶し，高潔なものにす

るようになった。恋愛は恋する男をより善い人間に変化させるのだ。恋愛は男の人生における価値あるものすべての源泉なのであった。こうしたこともまた，オウィディウスにはおかしなことであったにちがいない。第三に，男の「過度の物思い」が発生したことが挙げられる。異性への「物思い」はこれまでは女の専売特許だと思われていたが，男にも広がったのである。第四に，「遥かな恋」としての宮廷風恋愛が，つまりプラトン主義的な「彼方」への思慕，「距離」のロマネスク（恋物語）が成立したのだ。そして最後に，ロマンチックな愛情ということが挙げられる。ここにロマン主義＝空想派の源流をみることができる（「永遠の女性」のような「女性」観は，こうした宮廷風恋愛の理念の成立以降にしか理解できない概念であろう）。

（3）恋愛と結婚の関係

　こうした宮廷風恋愛の暗黙の前提は，恋愛主体が騎士（男性）であり，その恋愛対象が貴婦人（女性）であるということだ。さらに重要なのは，「姦通」という行為を通して恋愛という独自の「精神」が成立したことであり，その恋愛主体としての「男性」という男性観およびその恋愛対象としての「女性」という女性観が成立したことである。このことの成立以降，特に近代人・現代人も，この「精神」における恋愛観や男女観の残滓をもち続けているのだ。この「精神」においては男性は己の人格を高めなければならず，また愛する「女性」を崇めなければならないとされるのだ。特に，恋愛と結婚の関係のあり方の原型もここに提示されている。たしかに「姦通」は（キリスト教的）結婚制度に対する反逆ではあるが，他方で逆に姦通は結婚制度なしには成立しないともいえるのだ。姦通恋愛が結婚制度それ自体を破壊することはない。逆説的に，姦通は実のところ結婚制度を補強するものとなっているのだ。かくして姦通という行為を通じて，恋愛と結婚は相即的な関係となった。恋愛は結婚制度の外側にしか存在しないが，結婚制度をあくまでも前提として成立する精神の様式なのである。12世紀の西欧における「恋愛」と「結婚」には両面価値的な関係があったのである。

また宮廷風恋愛は，障害や禁忌のないところには存在できない情熱愛でもある。恋愛はこうした障壁を乗り越えて完結したいという情熱であり，こうした障壁が大きいほど，情熱は高まるのである。そして，こうした障壁の最大のものが結婚制度なのであった。宮廷風恋愛の恋人たちにとって結婚制度は絶対に縮めることのできない距離となっているのだ。また「秘密」や「嫉妬」もこうした障壁として機能している。秘密は情事をいっそう楽しいものにするし，情事は嫉妬と切り離しては，存在しないのだ。恋人たちは，結婚した2人の間では，つまり夫婦の間では恋愛がその力を発揮できないことも理解していたのである。

その後，時代は封建制からルネッサンスや君主制の時代を経て，市民革命が生起し，ブルジョア市民社会の民主制へと推移していった。近代になって，宮廷貴族の生活文化から発達してきた「恋愛」の宮廷風様式そのものは，封建制や君主制とともに過去の歴史になってしまったが，その時代に誕生した恋愛の「精神」は，近代の市民社会の民主制の中でも生き延び続けたのだ。それは封建時代の貴族階級や旧中産階級だけでなく，市民社会全体に拡散していったのである。16世紀ごろに誕生した近代的「感情」と結びついた「恋愛」感情というものが，個人の内面から自発的に発露するものとなり，等価な対人関係を市民たちは経験することになったのだ。ところが，その後19世紀のヴィクトリア時代のプロテスタント的市民社会では，恋愛は姦通恋愛ではなく，結婚制度との親和関係を強める方向で進展していった。近代ロマン主義運動の結果，恋愛を，結婚に結びつけることで永続化しようという（自己矛盾の）「まじめな」発想によって，恋愛の対象は，既婚貴婦人から婚約者・妻および未婚女性に移っていったのだ。このことによって，「恋愛結婚（love match）」の理念が制度化されていくのである。

(4) 日本社会における「恋愛」の誕生

「ロマンチック・ラヴとは，今の日本語でいえば『恋愛』というものに一番近いだろう」と前述したが，現在の日本語ではない場合にはどうだったのだろ

うか。実は「恋愛」という言葉は，現代の日本語以前の言語表現には見当たらないものなのだ。つまり「恋愛」という日本語は，翻訳語であり，今の日本語にとって「恋愛」とは輸入概念なのである。このことからわかるのは，「恋愛」という語や観念が，それまでの日本には存在しなかったという事実である。

　では，いつ日本語に「恋愛」という単語や概念が誕生したのだろうか。それは，100年ほど前の明治に，(romantic) love の翻訳語として，日本語の中に登場したのだ。このとき，初めて日本社会は「恋愛」というものを経験したのだ。それまでにも確かに「恋」や「愛」や「情」とか「色」という言葉はあったが，love（ラーブ）は，そのような既存の概念が意味するものとは異なる意味内容を含んでいたので，このラーブ (love) に相当する新しい言葉を作り出す必要がでてきたのである。それが「恋愛」という新造語だったわけである。つまり日本語の「恋愛」という言葉は，もともと近代欧米のラーブを意味する概念だったのだ。そしてこのラーブという概念の意味内容は「ロマンチック・ラヴ」と呼ばれているものであった。

　では，日本語の従来の言葉である「恋」や「色」と，ロマンチック・ラヴ＝恋愛はどのように異なっていたのだろうか。あるいは明治の日本社会はロマンチック・ラヴ＝恋愛をどのように理解していたのだろうか。簡単にいえば，当時の日本語の「恋」や「色」は，情欲や色情のような不潔なもの，下卑たるもの，人目を避けるべきものだと理解されていた一方で，「恋愛」は価値が高いもの，魂の愛，高尚なるもの，神聖なものだと考えられていたのだ。心や魂と肉体を分離して，「恋愛」は魂や心，つまり精神的な側面を強調して理解されていた。たとえば明治女学校の校長であった巌本善治の主宰した『女学雑誌』では，「恋愛」は堂々と肯定できる立派なこととして扱われていたのだ。「恋愛」という言葉それ自体がまさにロマンチックな（＝理想主義的な）考え方で理解されていたのである。

　日本近代「文学界」の明治ロマン主義の先駆者・北村透谷は，この『女学雑誌』に「厭世詩家と女性」という文章を書いていた。その冒頭で「恋愛は人世の秘鑰（ヒヤク）なり，恋愛ありて後人世あり」と，恋愛至上主義の価値観を

述べていた。透谷にとって「恋愛」とは，単純なる思慕ではなく，非日常の「夢想世界の牙城」であり，純化した理念であったようだ。こうした「恋愛」は，実世界の私生活（封建的婚姻）では生きられたものではなく，観念的規範になっていったのだ。彼は，近代欧米のロマンチック・ラヴの理念をさらに理想化していたのである。

　このような「恋愛」は，明治の知識人や書生（学生）およびクリスチャンという希少な人びとに影響を与え，彼／彼女らの振るまいとして流行していた。この「恋愛」観念を，より現実の世界において展開したのは，社会主義運動や婦人解放運動の「新しい女」たちの周辺の人びとであった。明治に輸入された近代の「恋愛」概念は，大正時代に「自由恋愛」論として展開したのだ。この時代は「家制度」という家父長制および公娼制度が大手を振っていた時代であり，現実世界の「恋愛」に関しては封建的な制約が非常に強かったのである。特に女性に対する「良妻賢母の規範」「姦通罪」「処女の観念」が登場してきており，「結婚は親が決めるもの」「貞操は女の命」「妻の務めは子産み」という考えが一般的だったのだ。こうした背景における大正デモクラシーの時代にあって，男女の自由意志に基づいた恋愛が，「自由恋愛」として展開されたのだ。あるいは封建的な結婚に対する「自由婚姻」としての恋愛結婚が理想化されていったのだ。恋愛は，伝統的・封建的な対人関係を覆して，それまでにはない対等な男女の関係を形成してくれる解放的な理念（性愛一致思想）として理解されていたのだ。そうした中で，アナーキストの大杉栄は「自由恋愛」の3条件として次のものを挙げていた。

　　「お互いに経済上独立する事，同棲しないで別居の生活を送る事，お互いの自由（性的のすらも）を尊重する事。」

　明治時代の中期に誕生した「恋愛」観念は，大正時代に「自由恋愛」として展開したが，その観念を享受したのは，まだまだ一部のエリート階層の人びとだけであった。昭和になっても一般階層の大半は「恋愛」観念とは実質的に無

縁の生活を送っていた。「恋愛」観念が日本社会の一般階層の中に登場してくるのは第2次世界大戦（日中戦争・太平洋戦争）後のことである。「結婚」と結びついた「恋愛結婚」という形態を取りながら登場してきたのだ。日本社会における「恋愛」観念は，起源としての宮廷風恋愛の規範とは逆に，「結婚」と結びつくことによって，また結婚に従属することによってその市民権を得ていった。実のところ日本社会は，その結婚制度（男女単婚家族制度）を形成・維持するために，「恋愛」観念（の一部）を巧に利用したのである。

2-3 恋愛結婚イデオロギー

戦後の日本の社会構造の中では，見合結婚か恋愛結婚かという2つの結婚形態が提供された。戦前は見合結婚する者が圧倒的に多く，恋愛結婚は少数派であったが，現在ではその比率は逆転しているようだ。たしかに，統計調査でも1960年代後半を境に恋愛結婚の方が見合結婚を上回るようになっている（図表2-1参照）。さらに恋愛結婚志向の未婚者が増えているのだ。かくして「恋愛」は結婚の最も正当な根拠と見なされるようになったのだ。ここに至って「恋愛結婚」が自明の理想の結婚形態となったのである。以下では，「恋愛結婚」の理念をイデオロギーとみなした場合に，何がわかるかを考察したいと思う。

(1) 近代社会の結婚制度

近代の結婚制度は，宗教婚でなく民事婚であり，個人の自由意志に基づく自由結婚の形態を取り，一夫一婦の単婚制となっている。こうした近代の結婚制度は，近代家族が「制度家族」から「友愛家族」へ変動するにつれて，その制度維持のために，いわゆる「制度」的要因（法律，慣習，権威など）ではなく「恋愛」観念に依拠せざるを得なかったようだ。つまり結婚制度は，自由意志に基づく一夫一婦の関係を維持するのに，一男一女のロマンチックな愛情概念を再構成して利用したのだ。近代社会は，自己展開のためにまずは恋愛と結婚の結合を促進したのである。実は近代結婚制度とは，あてにならない持続力の

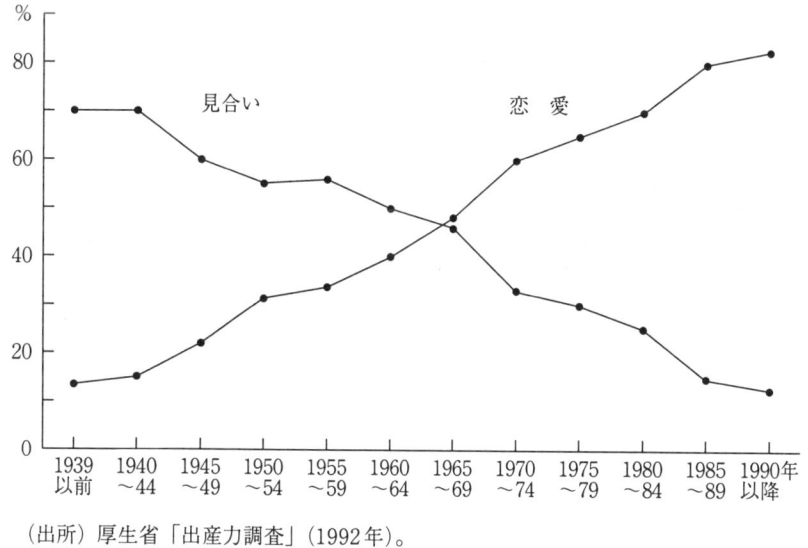

図表2−1　見合い結婚と恋愛結婚の割合の推移

(出所) 厚生省「出産力調査」(1992年)。

弱い「愛情」に運命を託すことによって、自己保存を図る装置に他ならないのだ。ロマンチックな愛情を絶対的条件とする結婚制度が成立したのである。

かくして「恋愛」は、結婚制度と結合することで一般化することになる。とりわけ戦後日本の「恋愛」は、結婚を前提としたものだという形態で常識化されていったのだ。つまり「恋愛」は結婚のためにするものであり、「恋愛」したら結婚しなければならないという意識が構造的に形成されたのである。その結果、戦後日本における公認の「恋愛」の対象は、暗黙の前提として非常に限定されたものになったのだ。つまり恋愛は、戦後の結婚制度を維持するために有効な機能を果たす場合にのみ是認されたのである。

戦後日本社会で恋愛結婚として「恋愛」が一旦正当化されてしまうと、「恋愛」は独自の展開をみせることになる。「恋愛」は結婚相手がみつかるまでにするものとなったのだ。あるいは結婚相手をみつけたいときにするのが「恋愛」だと考えられるようになったのだ。つまり「恋愛」は、結婚するための手段にすぎないのだ。そして戦後の日本社会、とりわけ高度経済成長後の日本の産業

社会が提供した「結婚制度」とは，男女性別役割分業を中心とした核家族を実現するものになっていった。こうした背景において，日本社会の「恋愛」は，結婚後の男女性別役割分業を実践するための準備的な男女関係を意味することになったのである。

(2) 結婚制度のための「恋愛」

　日本社会の結婚制度は，「恋愛」感情を取り込むことによって自己展開を図ってきたが，これは結婚制度に危機をもたらす契機にもなった。恋愛結婚はロマンチック・ラヴを絶対条件にしたために，かえって成立や維持が困難になってしまうのだ。結婚相手に絶対的な条件を強いるがゆえに，なかなか結婚に踏み込めない状況がでてきたり，あるいは結婚後の生活の維持の難しさが出てきてしまう。これが近年の晩婚化・非婚化あるいは離婚の一因ともなっているのだ。ここに日本社会の結婚制度のジレンマがみてとれる。

　このジレンマを回避するために日本社会の結婚制度は，近年，その制度維持のために「恋愛」と「結婚」の関係の近代社会としての前提を変更しつつあるようだ。「恋愛」感情を結婚制度の中に取り込むことに困難をみい出したとき，結婚制度は自己保存という理由のために，結婚生活をロマンチック・ラヴで満たすことを早々と諦めたようにみえる。結婚成立まではロマンチック・ラヴに依拠するが，結婚後はロマンチック・ラヴではなく「家族愛」(特に母性愛) や (性別役割分業に基づいた)「夫婦愛」という愛情を強調することで自己保存をする道を選んでいるからだ。その結果，逆説的に，ロマンチック・ラヴの愛情を夫婦間ではなく，婚外の関係 (いわゆる「不倫」「浮気」) に委ねることによって，結婚制度それ自体は維持されているようだ。つまり「恋愛」を結婚の外部に置くことによって，結婚制度は自己の安定化を図っているのだ。この「恋愛」自体が実のところ結婚制度の保持装置として機能しているのである。

　戦後日本社会の「恋愛結婚」をイデオロギーとみなすことによって，戦後日本社会の「恋愛」が結婚制度維持のための手段として機能していることがわかってきた。婚前，夫婦間，婚外にかかわらず「恋愛」は，結婚制度の保持のた

めの要件なのである。となると,次に問わなければならないのは,日本社会における「結婚」とはどのようなイデオロギーなのか,ということだろう。この問いをさらなる社会学の課題として考察してみる。

【参考文献】

(1) K．マルクス／F．エンゲルス（服部文男監訳）『新訳ドイツ・イデオロギー』新日本出版社,1996年。

　K．マンハイム（鈴木二郎訳）『イデオロギーとユートピア』未来社,1968年。

　D．ベル（岡田直之訳）『イデオロギーの終焉』東京創元社,1969年。

　これらは社会学の「イデオロギー論」の古典的テキストである。マルクス主義・知識社会学・脱産業社会論の観点から本格的に学びたい人にとっては必読書である。また,L．アルチュセールの「イデオロギー装置」論も注目に値する。

(2) オウィディウス（樋口勝彦訳）『恋の技法』平凡社,1995年。

　P．オウィディウス・ナーソ（藤井昇訳）『恋の手ほどき／惚れた病の治療法』わらび書房,1984年。

　アンドレアス・カペルラヌス,J．J．パリ編（野島秀勝訳）『宮廷風恋愛の技術』法政大学出版局,1984年。

　ロマンチック・ラヴのルーツであるヨーロッパ中世の「宮廷風恋愛」について日本語で知るためには,このアンドレアスの英語経由の重訳本に依拠せざるを得ない。この本と,オウィディウスの本を読めば,西欧文学の恋愛物語の大半のテーマが理解できるだろう。

(3) 井上俊『死にがいの喪失』筑摩書房,1973年。

　井上俊編著『新版　現代文化を学ぶ人のために』世界思想社,1998年。

　伊藤公雄・牟田和恵編著『ジェンダーで学ぶ社会学』世界思想社,1998年。

　恋愛・結婚・性というテーマに社会学的アプローチをしてみたいと思う人に対しての参考書である。文化社会学や家族社会学やジェンダー社会学の中で論じられていることが多いので,見過ごされがちなので,要注意。

第3章
＜性＞の政治社会学 ―結婚と婚姻の間―

3−1 「結婚」と「婚姻」の区別

　marriage（英），mariage（仏），Ehe（独）に対応する日本語としては，結婚（生活），婚姻，縁組，縁結，夫婦（関係）などが考えられるであろうが，通常は「結婚」や「婚姻」と翻訳されるであろう。現代日本語において，「結婚」と「婚姻」はほとんど同義語である。両者をあえて差異化すれば，「結婚」が一般用語として，そして「婚姻」が専門用語（法律用語，あるいは人類学等の学術用語）として用いられているということができるであろう（注：英米語にもmarriage の類語として法律的な結婚・婚姻を支持する wedlock という語があることはある）。あるいは，「結婚」が配偶関係＝夫婦関係の締結行為つまり，男女が夫婦になること（たとえば，「結婚する」という表現）を，そして「婚姻」が配偶関係＝夫婦関係の生活状態（たとえば，「婚姻関係」という用法）を指示する言葉として区別することもできるであろう。ここでは以上とは異なった「結婚」と「婚姻」の区別を企図的に試みたいと思う。まず「結婚」と「婚姻」を差異化する前に，両者に共通する同義語である婚姻・結婚の暫定的定義を規定してからその下位概念となる「結婚」と「婚姻」という異義語を概念上区別してみることにする。

　文化人類学では，機能主義人類学以降，人類の結婚・婚姻の類型の共時的＝通文化的な普遍的定義を与えようと試みてきたが，これまで確立した定説はなく，成功しているとはいいがたいし，また今後もほとんど出現不可能であろう。人類学以前の思考では，婚姻形態とはすなわち家父長制的・近代主義的な一夫一婦婚であったが，19世紀後半から20世紀の初めの機能主義以前の人類学（バッハオーフェン，マクレナン，モーガン，マルクス，エンゲルス等）では，婚姻

（形態）史論が重要な研究であり，人類の婚姻の起源（あるいは原始状態，先行状態，自然状態）の単系的な社会進化論＝発展論的な仮説の追求に主に関心があり，キリスト教＝旧約聖書的な単婚を理想的な最終段階（＝「文明期」）とする「野蛮期」の群婚＝集団婚・「未開期」の対偶婚や乱婚起源説＝原始乱交説および母系制（matriliny）・母権制（matriarchy）先行説が支配的であった。現在ではこのような進化主義学派の学説は反進化論学派等の原始単婚説（マリノフスキー，マードック）などによって民族誌的事実としては否定されているが，婚姻の歴史研究は一貫して行われている。

　人類学における婚姻・結婚の普遍的定義の試みにおいて用いられる属性基準には，「夫・婦（＝妻）という社会的地位の付与」「性関係＝性交の社会的承認（social sanction）」「公表性＝披露」「儀礼・儀式」「持続性・永続性＝非一時性・非短期性」「契約関係性（contract）＝権利・義務の関係姓」「同居」「経済的協力」「子供の嫡出性（legitimacy of offspring）」「女性の出産資格の容認性」「財産権の移転」「姻縁関係＝親族組織の形成」などがあるが，定義に合わない民族誌的事例や多くの例外がみつかり，その定義の普遍妥当性に関する有効性が問われてしまうのである。結婚・婚姻が，性関係と社会・経済関係の複合体つまりは「政治」関係＝さまざまな権利と義務の束であり，そのどちらの側面に対する社会規制に重点を置くかで，それぞれの社会においてさまざまな文化的・社会的・歴史的形態が可能となるのであろう。

　さまざまある結婚・婚姻の一般定義の中で，W. N. スティーヴンスの概念が比較的よく引用される。＜婚姻は持続的であるという観念をもって企図され，公に披露されることをもって始まる，社会的に承認された性的結合である。婚姻は多かれ少なかれ明示的な婚姻契約に基づいており，その契約は配偶者同士および将来の子供との間の，相互の権利義務を明示するものである。＞　また，「社会学辞典」（1958）では，「結婚」とは，＜社会的に承認された，多少とも永続的な男女の性的結合であって，特定の規範に基づく経済的協力と同棲関係を伴なう。………性的結合にも経済的協力にもまた同棲関係にも，これを規定する社会的規範があり，それらが機能的に一つにまとめられたのが婚姻である。

………婚姻は当事者が属した社会集団の経済的・政治的・社会的結合を媒介する役割をはたす………。＞ とある。これを受けて日本語でも，たとえば「広辞苑」(第二版補訂版)では「婚姻」とは，＜一対の男女の継続的な性的結合を基礎とした社会的経済的結合で，その間に生まれた子供が嫡出子として認められる関係＞となっている。「国語大辞典」では「婚姻」とは，＜①男女が肉体的まじわりをもつこと。②男女が性の結合を基礎として，共同生活を継続的に営むこと。また，その関係にはいる法律行為。婚姻適齢にある男女双方の合意に加え，一定の方式による届出をすることによって成立する。＞などとなっていて，また，「大辞林」では「婚姻」とは，＜①社会的に承認されて，男性が夫として，女性が妻として両性が結合すること。②法律上，一組の男女が合意に基づいて婚姻届を提出し，夫婦となること。＞などとなっている。定義の一般性を追求するのがここでの目的ではないので，結婚・婚姻の定義の外延規定のためには，これまで広く受け入れられてきたと思われる，結婚・婚姻とは，＜社会的に正当と承認された一対の男女の結合関係の公的制度で，この結合関係とは社会的・経済的結合関係を伴う継続的な性的（精神的・身体的）結合関係である＞という暫定的な定義でここは可としておく（注：性関係一般から結婚・婚姻を区別しようとする定義の一種である。この定義の難点は，「複婚」や「同性婚」(男性婚〔man to man marriage〕・女性婚〔woman to woman marriage〕)の排除，「結合関係」，「社会的・経済的」，「継続」，「性的」等等の用語の規定が明確でないことである）。

　結婚・婚姻の定義とは別に，結婚・婚姻形態の分類基準にもいくつかある。たとえば，

配偶者の人数 ── 単婚＝一夫一婦婚（monogamy），複数婚（plural marriage）＞
　　　　　　　　複婚（polygamy）｜一妻多夫婚（plyandry）あるいは一夫多妻婚（polygyny)｜と群婚＝集団婚（group marriage）

居住の規制＝婚舎（residence）の設定 ── 母方居住＝母処婚（matrilccal）＝妻方居住（uxorilocal），父方居住＝父処婚（patrilocal）＝夫方居住（virilocal）＞妻方・夫方（転換）居住，両居住＝両

処婚（bilocal）＝選択居住（ambilocal），新（設）居住＝独立居住（neolocal），伯（叔）父方居住（avunculocal）〔夫の母方のオジ〕，あるいは別居住（duolocal）＞妻訪婚＝妻問婚
配偶者の選択範囲——障害婚＞禁忌，優先婚
身分階層や地域における通婚圏——内婚（endogamy）＞族内婚・村内婚，外婚（exogamy）＞族外婚（＞同姓不婚）・村外婚
配偶者の指定（規定婚）——（交叉）いとこ婚（互酬婚あるいは循環婚），逆縁婚＞兄弟逆縁婚（levirate）・姉妹逆縁婚（sororate），順縁婚
配偶者の選択者——取決婚＞見合結婚，自由婚＞恋愛結婚
婚姻の対価＝婚資（bride price）＞花嫁代償——掠奪婚（marriage by capture），駆け落ち，購買婚（marriage by purchase），労役婚（marriage by service），（姉妹）交換婚
民族誌学的事実——亡霊婚＝冥婚（ghost marriage），幼児婚，同性婚
家督相続——嫁入婚＝嫁取婚＝娶嫁婚，足入婚，寝宿婚，婿入婚＝婿取婚＝招婿婚，親方取婚等がある。

　先の結婚・婚姻の暫定的定義のキー概念は，「社会的正当性の承認」である。社会的正当性／不当性に境界設定があり，社会的に正当と承認される男女の結合関係（結婚・婚姻）と社会的に正当と承認されない男女の結合関係（単なる男女関係，婚外の性関係）を区別しようとするのである。この社会的正当性の承認の根拠や程度は，社会の歴史や文化によってさまざまであり，慣習・宗教・法律・倫理・道徳等の社会統制の手段によって規制されているといえる。したがって，たとえば，ある種の結婚・婚姻外の性交渉を公認あるいは承認・黙認する社会もある（畜妾制，初夜権，妻貸，歌垣等を参照）。

　近代市民社会（modern civil society）では，国家の法律的規制に婚姻の社会的正当性の承認の根拠をみいだすという法律婚主義（legal marriage）を採用し，法律上の要件を満たす男女の結合関係だけを結婚・婚姻として権利と義務を付与しているのである。近代市民法は，一夫一婦制〔単婚〕（monogamy）の原則と民事婚主義（civil marriage）の確定を基本とし出発した。日本という近

代社会も明治以来，国家が直接に結婚・婚姻について法律的に規制し，法律上婚姻届＝結婚届を提出しなければ結婚・婚姻の効力なしという届出婚主義という法律婚主義を採用している――結婚・婚姻は創設的届出である。

近代法の「民事婚」とは，＜法律は婚姻を民事契約とのみ認める＞というフランス革命憲法（1791年）第2編第7条の宣言に基づき，婚姻を神の定めた秘跡（サクラメント）とみなす婚姻秘跡設（カトリック教）に従って宗教的儀式以外に有効な婚姻はないという宗教婚主義（religious marriage）を排斥して，婚姻を純粋に民事行為として扱い，市町村長の面前で行う市民的儀式以外に有効な婚姻締結はなく，市町村の登録所（registry office）で婚姻登録簿に記載するという方式のことである。つまり，<u>民事婚は，民事上の身分の登録婚という法律婚主義なのである。</u>この民事婚が近代市民社会の出発点であった。これに対して日本社会の「届出婚」という法律婚主義は，一見登録婚＝民事婚に似ているが，実は似而非なるものである。この市民社会の登録婚＝民事婚と近代日本国の届出婚の相違は，近代市民社会における身分登録制度（civil registration）と近代日本国独特の戸籍制度（＝戸籍法）の相違に基づいていると思われる。したがって，民事婚と日本社会の届出婚の相違を認識するためには，身分登録制度と日本社会の戸籍制度の特性を理解しておくことが必要条件である。

近代日本国の届出婚は，行政管理を目的とした戸籍法という特殊な身分法（親族法・相続法）による，いわば「戸籍婚」であり，異なる「登録婚」とは性質が異なる。通常は，戸籍への届出は身分登録と等しいとみなされ，法律婚＝登録婚＝届出婚＝戸籍婚と考えられてしまい，近代日本国に特殊な法律婚としての届出婚＝戸籍婚の側面が見逃されてしまうのである。近代日本社会からみた場合一般に，身分登録制（civil registration）が戸籍制度と同じものだと誤解され，戸籍制度を有しない近代市民社会における登録婚をも，普通，戸籍に届ける届出婚＝戸籍婚と同一視されてしまうのである。近代日本国の戸籍制度の特異性が理解されないがゆえに，欧米語における登録（＝registration）は「戸籍登記」と訳され，日本以外の近代市民社会においても「戸籍」

があたかも存在していると誤解されてしまう。身分登録制における「登録」を，戸籍制における「届出」と同一視することは，極端にいってみれば，近代政治制度としての共和制における大統領（presidency）と君主制における天皇（the emperor）を同一視するようなものなのである。

　本論では，近代市民社会における marriage ＝ 登録婚 ＝ 民事婚という法律婚を「結婚」ととらえ，近代日本国における届出婚 ＝ 戸籍婚という法律婚を「婚姻」ととらえ，「結婚」と「婚姻」の間の相違点を解明したいと思う。この「結婚」と「婚姻」の相違を理解することは，民事婚を支える身分登録制度と戸籍婚を規定する戸籍制度の相違を理解することであり，さらには身分制度のみで運営されている近代市民社会と特異な戸籍制度を有する近代日本社会の相違点を認識することである。つまりは，「結婚」と「婚姻」の違いの理解は，近代市民社会と近代日本社会の差異を，すなわち戸籍制度をもつ近代日本社会の近代社会としての特異性・特殊性・逸脱性を認識することに通じるのである。より具体的には，近代日本社会における「正当な」男女関係 ＝ 夫婦関係の特異性・逸脱性・差別性を理解することにもなるのである（注：現代日本語の日常語では「婚姻」とは，法律用語であり，正式につまり法律上結婚することであるという一般規定があると思われる。そして正式な法律的「婚姻」と単なる事実的「結婚」いわゆる届出のない内縁関係や事実婚とを区別する場合もある。しかしながら，本論で区別する「結婚」と「婚姻」は，この通常の区別とは異なり，両者とも正式の「合法的な」婚姻・結婚，つまり法律婚であることに注意していただきたい）。この「結婚」と「婚姻」の相違点を明確に区別することによって，ほとんどの日本人は「結婚」していると思い込んでいても，実は日本国籍の者は，正式には，「結婚」という行為だけをすることはできず，「婚姻」をせざるを得なくなっているということが理解できるはずである。また「結婚」制度には賛否両論の意見があるのに，近代日本国の「婚姻」制度の特異性にはほとんど無自覚であるのはなぜかも解明できるはずでる。

　以下の記述では，結婚・婚姻はほぼ同義語であり，先の暫定的定義を指示し，その下位概念である近代社会の法律婚における「結婚」と「婚姻」は異義語で

ある。つまり，「結婚」と「婚姻」における「○○」は近代の法律婚を指示するが，「結婚」は近代市民社会における法律婚であり，「婚姻」は近代日本社会における法律婚であって，「結婚」の特異語として理解していただきたい。この特異性の解明が本論の目的である。では，まず民事婚＝「結婚」についてみることにする。

3－2 教会婚から民事婚へ

　古代西洋社会（ゲルマン民族やアングロ・サクソン民族等）における結婚とは，血縁＝親族集団の首長・家父長間の約束・取引として行われていた。初期ローマ法では，婚姻は，ローマ的もしくはゲルマン的な宗教的儀式（confarreatio, coemptio, usus）によって行われ，夫側の権力に妻を服従させた。共和制の時代になるとこの方式は次第に廃れてゆき，いかなる習慣的儀式なしでも，家父長の婚姻の合意〔民間の契約〕のみによって当事者が同棲を開始するとともに「正当な」婚姻関係は成立した。
　キリスト教会が婚姻慣習に対して支配力を及ぼしていったのは，4世紀に婚姻をもって秘跡（サクラメント）とする教義により，婚姻と神の恩恵が結びつけられ，夫婦の結合を終生のものとする神聖・神秘的な婚姻観が生じてからである。これまでも，婚姻の儀礼は教会の中では行われていなかったが，この頃に婚姻の当事者は，慣習的な婚礼をすませてから，教会に神父の祝福を受けに行くようになったのである。キリスト教にとっての婚姻は，人の定めた契約でなく＜神の合わせ給うたもので人はこれを離してはならない＞と考え，一夫一婦婚と婚姻不解消論を基礎とし，夫婦の婚姻関係をキリストと教会の関係になぞらえ，婚姻契約をその関係を表す神聖な制度＝秘跡とみなすのである──婚姻秘跡説。婚姻を含む秘跡に関する出来事は，宗教裁判所で取り扱われることになった。
　中世を通じては，ローマ・カトリック教会法が宗教改革まで唯一の婚姻法であった。しかし古代ローマ法と同様に婚姻締結の要件について法的規制は行わ

ず，教会法的婚姻と世俗的婚姻が並列していた。中世の封建領主は成人男女に婚姻を強制する権利を有していた。そして婚姻締結は，当事者が夫婦となる意志表示〔口頭の約束〕をかわす婚姻の相互の合意（consensus maritalis）と成就（consummatio）であった —— 教会法上の婚姻の成立：コモン・ロー婚。

10世紀には，当事者たちは，結婚生活に入る前に「教会の前で」教区司祭の祝福を受けるのが習慣であった —— 宗教上の婚姻。この習慣は，第4回ラテラノ公会議（1215年）において宗教的義務となった。もっとも，これに違反しても婚姻そのものは無効ではなかったが。これによって，婚姻は教会婚となってゆき，教会法（カノン法）の中に実質的に婚姻法を組み込んでいったのである。さらに，教会での挙式を伴わない内密婚＝無式結婚の弊害を防ぐために，トリエント公会議（1563年）において，有効な婚姻の成立要件として，司祭と2人以上の証人の立ち合いで行われる教会での結婚式の挙式が決定された。このタムエトシ勅令により，司祭は夫婦と証人の氏名，婚姻締結の日時・場所を登録簿に記入し，保管することとなった。ここに宗教婚主義が確立したのである。しかし，ローマ教会から分離したイギリス国教会の宗教裁判所では，この決議は効果がなく，イギリス（イングランドとウェールズ）においては，両当事者の合意だけで成立する無式婚＝非教会婚であるコモン・ロー婚が，1753年のハードウイック卿法（Lord Hardwicke's Act）によって禁止されるまで，有効であった。この婚姻法改正によって，宗教婚主義となり，有効な婚姻の成立には，婚姻予告（banns）の公示後に国教会の司式規則に従った儀式が必要となった。この法改正は，イギリス植民地（たとえばニューイングランド）には適用されず，またスコットランドでもコモン・ロー婚が1939年まで可能であった。

16世紀の宗教改革後，カトリック教会の主張する婚姻秘跡説が弱まり，婚姻を民事契約とみなす考えが次第に強まり，婚姻の統轄は教会と国法の論争点となり，プロテスタントの諸国では，絶対君主制の国王の権力が優勢になるにつれて，次第に教会の勢力は凋落していき，婚姻の管轄はカトリック教会法から国王〔世俗権力〕の側に移った。国王によって権限が付与された者によって

登録されなければ、適法な婚姻とはならなくなった。イギリスでは、クロムウェルの時代の1653年に「民事婚条例（Civil Marriage Ordinance）」が出されたこともあった。しかしこの法律は王政復古で廃止された。そして18世紀末のフランス革命（1789年）によって、婚姻秘跡説が否定され、自然法思想の影響により、婚姻が自然法上の契約とみなされ、婚姻は秘跡とは区別される民事契約と宣言されていった。婚姻は男女自身の自由な意思の合致である「契約」とされたのである。ここにおいて、宗教婚＝教会婚主義に代わる民事婚主義が確立されたのである。

　これまで有効な婚姻とは宗教的儀式であったが、宗教的儀式を伴わない民事婚、すなわち聖職者ではない公務員の面前で行われる市民的儀式をもって、有効な婚姻の締結とする民事婚が義務づけられた。有効な婚姻とは、国家によって規定された一定の法律に従って締結された婚姻となったのである —— 法律婚主義。婚姻が民事契約であるということは、また夫婦の自由意思による婚姻の解消、つまり離婚を認めることでもある。この離婚は裁判所の離婚判決によることとなる —— 裁判離婚。民事婚主義は、フランスからベルギー、ドイツ、ルクセンブルグ、スイス、オーストリア、東欧諸国へ広がっていった。イギリス、英領アメリカ、イタリア、北欧諸国では、宗教婚＝宗教的儀式と民事婚＝市民的・世俗的儀式のいずれかを自由に選択できる。カトリック諸国（バチカン市国、スペイン、ギリシャ等）では、依然婚姻秘跡説を取り教会婚＝宗教婚主義である。民事婚主義では、宗教的儀式の挙行は禁じられてはいないが、それだけでは民事法上の効力は認められないのである。こうして、プロテスタント的近代市民社会では個人の自由意思を基礎とし、婚姻は、予備行為としての公告の後、任命された婚姻登録官の役所で行政府の証明書に基づき登録官の前面で行なわれる宣誓儀式＝民事的儀式となっていったのである。

3 - 3　身分登録制度

　ヨーロッパのキリスト教諸国における教会婚＝宗教婚から民事婚への変化

は，市民革命によってカトリック教会に備えつけられていた事項別の教会簿（洗礼簿，婚姻簿，埋葬簿），正確には教会組織登録という信者簿による地位関係の登録・公示を，世俗権力＝市町村長の手にある登録簿（出生簿，婚姻簿，死亡簿）による身分登録に移す制度変革に見合っている（注：「身分登録」という用語における「身分」とは，身分法における法的地位関係における「身分」ということであり，封建社会における上下の序列的社会関係としての「身分」(status) のことではない。日本語ではこの両者の「身分」の区別が曖昧にされている）。16世紀の教会では，各聖堂区の主任司祭は管轄区内の住民の地位関係の変動を記録するため洗礼，婚姻，埋葬の3つの教会簿を備えていた。もちろん，異教徒弾圧のためである。フランス革命によって登録簿の管轄が，教会から国家に移動し，1791年憲法第二編第七条の政令 (1792年) によって身分登録の世俗化の方式が決定された。ナポレオン法典の近代民法は，身分関係を当事者の自由契約とみなし，その契約の有効性を保証するのが，国家であった。他のヨーロッパ諸国も，このフランスの身分登録制度に倣っていった。身分登録を扱うのは，民事身分の登録官＝市町村長であり，監督官庁は裁判所である。

　登録簿（出生簿，婚姻簿，死亡簿）は，市町村毎に備えられ，身分変動ごとにそれが生じた土地の市町村の登録簿に別々に登録される。つまり原則として各個人について出生，婚姻，死亡等の事項別の登録簿に身分変動の発生の都度に，その生じた土地，事件発生地で別々に登録するのである。人権保護のために，各登録簿相互の連絡はないし，当事者以外の者の身分関係と関連がなく，登録所在は当事者しかわからないのである。離婚については裁判所の記録が登録の機能を果たす。<u>身分登録とは，個人の身分の事項別の登記なのであり，個人本位の身分登記簿制である。</u>同一人の出生から婚姻・離婚，死亡までの人の一生の身分関係の変動全てを辿れるような1個の登録簿ではないし，また近代市民社会ではそのような登記簿は必要のないものである。身分登録制度は，国家の行政目録（課税＝財政，徴兵＝軍備，治安＝警察，管理，刑事など）のために国民の親族共同体の実情を家族単位に把握する制度なのではなく，民事上の身分・地位関係を登録し，公証する司法上のサービス目的のための制度なのであ

る。そして身分登録は，登録地を知らないと利用できないのである。

　ヨーロッパではヒットラー・ナチスが，日本帝国の戸籍制度に倣って「家族手帳」を作成した。こうした集団・生涯管理のできる家族手帳は身分登録とは別な性質のものである。戦後，身分登録制度の中でも，身分事項の変動を関連する身分登録簿に付記したり，「家族手帳」や「人口登録」の創設がみられるが，これを身分登録制度の戸籍制度的改良とみなしたのでは，個人本位の司法上の公証という身分登録の原則を見誤ることになろう。

3－4　日本の戸籍制度

　ヨーロッパ諸国の身分登録制度は，日本の戸籍制度に当たるとよく説明されるが，身分登録制度と戸籍制度は似而非なる制度である。戸籍制度は日本にしかない「登録制度」擬のものである。つまり欧米諸国は戸籍を有しないということである。戸籍制度が日本以外の近代諸国家にもあるような表現は，誤解に基づくものである。確かに，人の法律上の身分関係を登録，公証する公正証書＝公文書である登記公簿の制度という点だけを取れば同類にみえるかもしれないが，その目的・機能・性格はいくつかの点で非常に異なっているのである。佐藤（1981）（1983）によれば，戸籍には十の機能があるという。A証明機能　①個人の識別・特定　②身分関係の公証　③国籍の登録・証明　B追跡機能　④住所の生涯追跡　⑤身分関係の生涯追跡　⑥血縁関係の無限検索　C組織機能　⑦身分秩序の維持　⑧親族共同体の組織　⑨国家組織・幻想の維持　D統計機能　⑩センサスの基礎資料。このうち，②身分関係の公証だけを行うのが，身分登録制度である。つまり身分関係の登記公簿の制度であるならば，戸籍ではなくて正に身分登録でよいのである。

　また，戸籍制度は「家族」集団単位の登記であり，身分登録制度は「個人」単位の登記である。本来，親族・家族関係と身分としての夫婦関係・親子関係は別の制度なはずである。後者（個人と個人の身分関係）を前者（集団関係）として括る必要はないのである。戸籍は，国民各個人の出生から死亡に至るまで

の一生の身分関係の変動のすべてを時系列的に統一的に把握すること，各個人の系譜的親族関係・婚姻関係・家族関係・兄弟関係を把握すること，つまりは家族による家族成員の相互監視・管理に主眼がある。この戸籍の特殊な目的を当然視してしまうと，それぞれの身分事項を別々に作成する個人本位の身分登録制度の欠点は，戸籍のように人びとの親族関係を時系列的に管理・把握できないことであると主張されたりするようになる。明治以降の近代戸籍制度は，民事上の身分の公証という司法的・民事的目的をもつ個人本位の身分登録制度とは異なり，国家のための行政統治的目的である人民の把握・管理・警察的支配・治安，つまり行政取締が主要目的なのである。戸籍は，身分登録制度の側面も巧みに含みつつ，国民ひとりひとりを戸主・戸籍筆頭者を中心とする「家」共同体＝「氏」共同体の成員として集団統制しようとするための手段である。諸個人（男と女）を「家」＝「氏」観念共同体の中に収斂・保護・同化・監視し，「家」＝「氏」共同体から逸脱する諸個人（男と女）を排斥・抑圧・差別するための管理装置が戸籍である。このような戸籍の性質を理解するために以下では，まず日本国における戸籍制度の歴史的変遷をみてみよう。

3−5　古代天皇制における戸籍制度

　戸籍の起源は，少なくとも6世紀の大和朝廷（豪族連合政権）の直轄領にまでさかのぼるといわれている。大和朝廷の基礎は「氏姓制度」であった。日本における編戸造籍制度は，朝廷（百済）系渡来人集団に始まるという説もある。つまり彼らが「戸」という集団観念をもたらしたというのである。しかしながら，戸籍制度の本格的な確立は律令国家，つまり古代天皇制国家の成立後のことである。この戸籍とは，人民＝農民の把握・管理・政治的支配のための基本台帳すなわち班田収授・貢租徴税・氏姓家系の確定の基礎帳簿のことであり，農民人口を一戸毎に把握するための基本台帳であった。基本は，住居関係の登録簿であったが，同時に身分関係の登録簿でもあった（注：「戸」とは，建物の出入口＝門のことであり，建物としての「家」のことを指示している。また，「籍」

とは,もともと巻き物＝文書のことであり,台帳への登録のことである。つまり「戸籍」とは,人びとを建物としての「家」に帰属させて,支配しようとする制度であるといえる)。歴史的にみて,戸籍とは天皇制国家の被支配民＝「皇民」台帳なのである。ゆえに,この台帳から非被支配民(たとえば,支配者層)は抜けている。古代中国(隋・唐)での統治技術(「均田制」や「課役制」のための公課徴収,租税徴収,耕地緊縛および身分証明)である個別人身支配の「律令制」に倣ったものといわれている。現存の最古の中国の戸籍は甘粛省・敦煌でオーレル・スタイン探検隊によって発見された西涼のもの(416年)であるといわれている。

「大化改新」(645年)後の「改新の詔」(646年)で,戸籍・計帳・班田収授の法を制定することが規定され,652年より全国一律の戸籍が作成され始めたようだが,その後全国・全階層的規模の(正確には大和朝廷政権の版図内での)最初の確実な造籍は,近江令の規定に基づく670年(天智9年)の「庚午年籍」であるとされている。全人民の地域的把握と定姓の政治編成・支配が実現されたのである。これは,氏姓の根本台帳として永久保存の原簿と定められていた。通常は,30年保存の後廃棄することになっている。浄御原令に基づいた690年(持統4年)の「庚寅年籍」から6年ごとに作成されることになっていた。701年(大宝元年)に大宝律令が施行され,759年には養老律令が施行された。戸籍は1里50戸ごとに1巻にまとめられ,3通作成されて,京職や国,郡,里の行政機構に1通,太政官に2通(1通を民部省に,もう1通を天皇の閲覧用に中務省に)保管された。現存している最古のものは,東大寺正倉院に保存されている702年(大宝2年)や721年(養老5年)の諸国の戸籍(断簡)である。戸籍とは別に皇族や僧尼の名籍も作成されていた。

　律令制の衰退とともに,9世紀には造籍も不定期となり,10世紀以降班田制も崩壊してゆき,戸籍制度は平安時代の荘園制を通して形骸化していった。中世武家社会では,全面的な戸籍制度にあたるものは必要なかったようで,無戸籍の時代といわれている。中世の土地制度の負担体系は,人頭税ではなく,徴税は地税化され,在家帳や検注帳・坪付帳等の地籍簿＝土地台帳によってなされていた。天下統一を果たした豊臣秀吉は,1582年から1589年まで太閤検

地を行い，検地帳を作成し，1588年に刀狩令を出した。さらに，朝鮮出兵（文禄・慶長の役）の前に1591年（天正19年）に「身分統制令」を出し，戸口調査（人払）を行い，人畜家数改を作成したが，戸籍台帳は作成しなかった。これが近世的「身分」制度の基礎となっていったのである。江戸時代（幕藩体制）にも，戸籍制度はなく，人民把握のためには僧侶・武士・平民等の「身分」別のキリシタン禁制のための宗門人別改帳そして耕地緊縛・徴税のための人別改帳のみがあったのである。

3－6　近代天皇制国家の戸籍制度

　全国民の系譜を行政区域ごとに登記するという古代戸籍制度が復活したのは，明治維新（王政復古）〔1868年〕後である。つまり，戸籍制度が歴史上施行されるのは，古代天皇制国家と近代天皇制国家においてだけなのである。近代の戸籍制度は，初めは古代戸籍制度そのものの復古が目差されたが，うまく機能しないので，人民の土地緊縛ではなく国民＝臣民の「氏」（「家」の名）の管理によって実行された。戸籍はまた臣籍ともいわれる。近代日本における「氏」とは，単に慣習的な苗字や名字とはちがい，支配者が臣下に与える称号であり，近代天皇制国家の臣民＝皇民という身分の符号であると解することができる。＜皇室は絶対の地位にあらせられ，他と紛れるような心配がないから，苗字をおつけになる必要がない＞と考えられ，それゆえ皇族には「氏」がないといわれている。皇族は戸籍には登録されず，皇統譜に登録されるのである。戸籍が整備されないときには，江戸時代でさえ農民でも「苗字」，「姓」，「屋号」は（公称は禁止されていたが）自由に自称・私称はできたのである——たとえば，農民のことを「百姓」というように。明治の戸籍は一般の人民＝百姓（ひゃくせい）を「氏」に固定していったのである。また，在日外国人は，臣民＝皇民とはみなされないので，戸籍への登録はないこととなる。このように戸籍とは，身分登録簿である前に，日本臣民＝皇民簿なのである。この点で戸籍は欧米における「登録簿」よりも「教会簿」に近いのである。

幕末，1825年（文政8年）に長州藩内の周防国が人別帳の代わりに設けた台帳である佐波郡戸籍，さらに1840年の長州藩戸籍を受け継いで，明治政府は1868年（明治元年）に山城国戸籍法（京都府戸籍仕方書）を公布した。民部省は，この戸籍法を明治政府の直轄領全体で施行するように命じ，版籍奉還・東京遷都の1869年には，東京府士籍法戸編製法を施行した。同年，江戸幕府の許可した氏私称を禁止し，1870年に新津綱領（太政官布告）が出て，公式に平民に苗字称の公称（内実は「氏」の使用）が許された。これは人びとを江戸幕府から明治政府へ戸籍管理するための前提であった。「氏」名とは個人のものではなくて，日本国の国家権力が与奪するものなのである。1875年には徴兵令の実施のために，太政官布告で＜自今必ず苗字を相唱うべし＞と強制された。このときには婚入した女性は男系血統主義の戸籍にとっては異分子であるために，実家の氏を唱える夫婦異氏制であった。その前1871年に宗門人別改帳制度の廃止，廃藩置県，通婚の自由化，賤民の「解放令」があった。

　全国統一の近代戸籍制度の始まりは，さきほどの戸籍法の施行のために制定された1871年（明治4年）の戸籍法（太政官布告第一七〇号）に基づき1872年（明治5年）に実施された「戸籍法三十三則」＝「壬甲戸籍」（明治5年式戸籍）である。これは，6年ごとの一斉登録方式のはずであったが実際には実行できなかった。この戸籍は，実のところ，家屋を基礎とした編製であり，住居関係登録であった。この戸籍編製の目的は，身分関係の登録・記載・公証もあるが，明らかに維新政権の中央集権化のための行政管理・取締（つまり警察・治安の維持・徴兵・徴税・学校教育＝「学制」の確保，国勢調査等）が主であった。戸籍法の前文に＜人民ノ安泰ヲ得テ其生ヲ遂ル所以ノモノハ政府保護ノ庇蔭ニヨラサルハナシ去レバ其籍ヲ逃レ其数ニ漏ルルモノハ其保護ヲ受ケサル理ニテ自ラ国民ノ外タルニ近シ此レ人民戸籍ヲ納メサルヲ得サルノ儀ナリ＞とある。規定が不備で不正確ではあったが，全国各地を区に分けて，全国民を戸主と家族からなる「戸」において把握しようとする始まりである。

　国民は，こうして戸主を筆頭とする親族集団に構成されていった――「戸主」制度。また，戸籍記載上，華族・士族・平民・穢多・新平民・士人の族称差別

が存在することとなった。さらに天皇・皇族を加えればこれが明治時代の身分制度の概要である。水平社等の抗議運動によって,「穢多」「新平民」の記載が禁止されたのが1924年,族称欄が廃止されたのが1938年で,戸籍の様式から族称欄が消えたのが1942年であった。また「氏」を許可された平民は,同時に通称を禁じられ,許可なく「氏」を改称できなくもなっていったのである。穢多・非人や僧・尼には初め「氏」がなかったのである。

　1873年にフランス民法の身分登録制度を導入しようとする民法仮法則が提案されたが,太政官は同意しなかった。＜戸籍の要たるや一家あればすなわち主あり＞が太政官の基本認識である。これより,戸籍制度が確立していくのである。1873年（明治6年）に「内外人民婚姻規則」が出された。1873年徴兵令が布告された —— 国民皆兵制の始まりである。そして1874年に台湾出兵である。さらに1881年に陸軍武官婚姻条令が発布された。陸軍の要求により1882年に太政官は,戸籍制度の不備を改めるため戸籍規則案を作成したが,財政難のために実施されなかった。

　現行の戸籍簿の記載様式つまり,身分関係を追跡できる方式に改革されたのは,1886年の「明治19年式戸籍」（内務省令「出生死去出入寄留者届方」「戸籍取扱手続」と内務省訓令「戸籍登記書式」）である。これによって,居住関係とは別の「戸」中心の身分関係の公証制度としての戸籍制度が十分に整備され,また届出主義を採用し,したがって法律婚も＜婚姻は戸籍に届けなければ成立しない＞という届出婚主義が明記されたのである。届出はすべて,私生子の出生届を除いて,戸主を通じて行われたのである —— 戸主届出制。これまで婚姻は,武士は許可制であったが,農民は村落共同体や若者組の承認があれば成立していたのである。この届出制によって地方の性風俗は一掃されていく。しかしこの戸籍法には,登記目録という登録簿のための登記法が伴っていた。つまり,実質的には戸籍制度と登記制度が併用されていたのである。

　1889年（明治22年）に大日本国憲法及び皇室典範が発布した。1890年（明治23年）に仏法学者ボアソナードによる旧民法が公布されたが,夫婦を中心とした内容であり,「家」制度と相容れないため,＜民法出でて忠孝滅ぶ＞＜我

国は祖先教の国なり，家制の郷なり＞等の民法典論争となり，施行は延期された。これは家族国家観の萌芽である。この間，内務省は民法の補助法としての戸籍法案を提出したが，衆議院で否決された。1898年（明治31年）にザクセン民法典を模範とした明治民法の制定施行に伴って，その付属法典として＜親族法および相続法上の身分関係の記載を主な目的とされる＞戸籍法〔明治三十一年式戸籍〕が施行された。戸籍の「戸」（親族的身分関係の規制）が，民法の「家」制度に連結されたのである。戸主権と（長男嫡子の）家督相続制が成立し，これが50年間続くこととなる。このときに夫婦同氏制も始まった。明治民法七七五条＜婚姻ハ之ヲ〔戸籍吏〕ニ届出ツルニ因リテ其効力ヲ生ス＞によって戸籍婚が制度化された。こうして家長たる戸主に圧倒的な権利が付与されることとなり，戸籍に記載された者たちが「家」を構成されるとみなされるようになった。戸籍制度の民法制度化により，先祖から代々継続した（とされる）「家」の「氏」を継承した「戸主」に家族成員（妻も含む）は従属することとなる。明治民法第七百五十条に＜家族カ婚姻又ハ養子縁組ヲ為スニハ戸主ノ同意ヲ得ルコトヲ要ス＞とある。

　明治民法第七四六条＜戸主及ビ家族ハ其ノ氏ヲ称ス＞に表れているように，「氏」は第一に「家」に属しているのである。「氏」は，個人や家族成員のものではなく，「家」のものなのである。つまり「氏」は，「戸籍」（の「戸主欄」）についているということである。「戸籍」＝「家」が「氏」を所有しているのである。そして同じ戸籍に入っている者は戸主と同じ氏を称するとされる。これによって，婚入した女性も例外ではなく，夫婦同氏ともなった。もっとも江戸時代の武士は，夫婦別氏であったし，壬申戸籍では，異氏の者も同籍していたのではあるが。つまり「氏」の管理によって「家」制度をつくるのが戸籍制度の中味となったのである。こうして戸籍法は，民法を支える身分関係の公証制度となった。戸主を中心とした戸内家族の身分関係の記載・公証という方法によって，戸主が家族構成員を支配統率する権限を認める制度の確立である。＜戸籍を汚すことは，家を汚すこと＞とされたりする。

　「家」＝戸籍制度の成立以降，戸籍には出生から死亡までの身分関係の変移

がすべて記載されることとなり、戸籍による家族の相互監視体制が確立された。「戸主」は「家」から「被差別者」をださないようにし、つまり社会差別を前提としてその差別・排除を受けない「家族員」になるように家族を管理する。他方で「家」に同化しない人びとへの差別・排除は助長・強化されるのである。1899年（明治32年）に国籍法も制定された。明治政府は、過去を問わずに、外国人居留地に住む者以外のすべての居住者を一方的に日本人とみなした。在日外国人に対しては「宿泊届その他の件」が制定された。警察署には外国人登録簿・視察簿が備えられた。このときに帰化制度もできた。「帰化」とは実質的に外国籍者が「皇民化」することであり、帰化人は日本式「氏」へ変更しなければならないのである。しかしここで重要なことは、このときの戸籍法では身分登録制度に倣う個人本位の「身分登記簿」が制定されていたことである。つまり、戸籍簿と身分登記簿が、併用されていたのである。身分登記簿は、1866年の戸籍法の登記目録であるが、個人の親族的身分関係（出生や婚姻や死亡など）を公証する公文書なのである。戸籍には「家」制度が表されているが、身分登記には「個人」の身分関係の変化が表されており、その変化が「家」の変化に関連する時にのみ身分登記に基づいて戸籍の記載が変更されたのである。戸籍の管轄も形式上、内務省から司法省に移された。

「家」＝「戸」本位の戸籍制度と「個人」本位の身分登記制度の跛行を取り除くため、1914年（大正3年）に、戸籍法が全面改正され、1915年（大正4年）に〔大正四年式戸籍〕が施行された。この時に「身分登記簿」が廃止され、身分登記簿の内容はすべて戸籍簿に記載されることとなった。これによって西欧近代市民社会の身分登録制度に基づく「個人」の身分証明をすべて捨て去り、身分関係の公証は「家」単位の戸籍制度＝戸籍法に規定された「家」における身分関係の証明のみとなった──「家」制度の確立である。他方では、大正時代は「家」制度に対抗する社会運動が出現したときでもある──大正デモクラシー。またこのときに、届出に代署を認める規定が通則化された。だが、この委託制度は、当事者の意思確認を弱化させるものであった。また、別に現実の居住関係を把握するために「寄留法」も制定された。この寄留簿は徴兵の基

本台帳として使用された（注：寄留簿制度とは，90日以上，本籍地以外に居住する者を記載・把握する制度であり，1872年の戸籍法以来，戸籍制度の一部であったが，ここにおいて独自に法制化されたのである。これには，居住登録（＝居住地管理）の機能があったが，実際の住民把握は不可能であった。つまり，この制度は都市への人口集中による戸主権の形骸化への対処と考えられる）。こうして，「家」制度の観念化は一層進むこととなったのである。

1920年に国勢調査が実施された。1924年に満鉄調査部は，中国人労働者から指紋採取を開始していた。そして1934年には，満洲国で警察指紋が実施される。それ以前の1922年には朝鮮戸籍令が公布されていた。1939年に「氏設定に関する制令」が出され，1940年に「創氏改名」が実行された。このような中で，1922年の「工場法」改正によって内縁関係が一部法律婚として認められたのは注目されてよい。1932年（昭和7年）に大日本国防婦人会が結成される。1933年に台湾府令8号（台湾戸籍）が公布された。1938年に国家総動員法が公布され，1939年には「外国人の入国，滞在及び退去に関する件」（内務省令六号）が出され，また在日朝鮮人の管理・取締のための「中央協和会」が組織され，さらに「国民徴用令」が制定された。1940年に内務省が「部落会町内会等整備要領」を発布し，市町村は動員台帳のために「世帯台帳」を作成した。この「世帯」が動員や配給の基礎単位となり，町内会・隣組制度によって統制されていたのである。形骸化しつつあった戸主権による「家」観念の維持に代わって，実際「世帯」という相互監視体制によって「家」観念の維持を補強することも考えられていたのである。

＜家とは一の氏を以て独立して人別の戸籍を設けたる者の系統を言う＞（人事編大体論議議事筆記），これが近代日本の戸籍制度である。つまり，戸籍とは「家」であり，「氏」はこの「家」に属するのである──戸籍・「家」・「氏」のシステム。明治民法における「家」＝戸籍制度において，戸籍としての「家」＝「戸」は，人々の日常生活・暮らしの単位としての「イエ」（実際の居住用の建物・およびそこでの生活）を反映しているわけではなかった。同じ戸籍＝「家」の中の者が，必ずしも実際に「イエ」の共同生活をしているわけではな

く、また実際の「イエ」における共同生活者が同一戸籍＝「家」に入っているわけでもなかった。つまり、「家」＝「戸」は、家族の生活の現場である「イエ」とは原理的に異なっている概念である。さらに、戸籍の編製は、地番主義であり、また戸籍の所在地＝「本籍」は手続き上は自由に選択・変更でき、「本籍」は日本国領土ならどこでもよいのである。逆にいえば「本籍」が置ける場所が、日本国領土の範囲となっているのである。つまり「本籍」は、現住所でも、出生地でも、生活の根拠地でもなく、家族集団の現実の生活居住家屋＝「イエ」の屋敷番号＝住居表示とは別なのである。ということは「本籍」は実際の「イエ」建物がなくても、日本国領土内の地名・地番がある場所ならどこでも置けるのである（現在、東京都千代田区千代田一番や、北方領土にも「本籍」は置ける）。戸籍制度の「戸」＝「家」は、実際の「イエ」よりも抽象的な、観念的な理念であり、戸籍の体制は、実際の「イエ」生活から分離できる「家」イデオロギーを生み出す母体である。＜「家」は戸籍の中でのみ純粋に存在した＞のである。つまり実際の「イエ」が崩壊しても観念としての「家」は残存することとなった。この「家」観念を表象するのが「氏」である。ゆえに「氏」が同一でないと、同籍できないことになってしまっているのである。「戸」＝「家」＝「氏」観念は、人々の存在より先行し、連続し、この観念が人々を把握していくこととなる。これをもって、戸籍は形骸化し、抽象的な存在だから大した意味はないと主張されるかもしれない。しかし、戸籍制度の第一の効能は、生活単位としての現実の「イエ」建物とは別の抽象的な「家」観念を人々に形成することであると考えられる。そしてこの「家」イデオロギーが、国体としての「国家」イデオロギーに連なっていき、その中心に天皇家が位置する象徴システムの基本となっていたのであろう。──日本帝国の国体としての天皇制と家族制度。実際の「イエ」とは異なるこの「家」観念が、身分関係の公証制度としての戸籍制度や民法制度の実行によってもうひとつの現実として逆に「イエ」の日常生活を支配するようになった。実際の「イエ」からは分離した「家」観念は、まさに抽象的な観念であるがゆえに、人々の生活観念に強力に作用し、身分公証制度を強化することもできたのである。こうして形式的な

「戸籍」が，実質的な「イエ」の人間関係（夫妻関係・親子関係・相続関係など）を大きく規定していった。つまり戸籍が人びとの「イエ」における家族生活を「家」として編成していったのである。＜「戸籍」に入ることが，「イエ」に入ること＞となった。すなわち人びとを「家」に同化・保護すると同時に「家」の外に置かれた人びとを排除・抑圧してゆくのである。

3－7　第二次世界大戦後の戸籍制度

第二次世界大戦後，1946年（昭和21年）に日本国憲法（主権在民・人権尊重・平和主義の原則）が公布され，1947年（昭和22年）に施行された。同時に（新）皇室典範・皇室経済法・皇統譜令も施行されたが，この法令には男系の皇位継承を始め多くの憲法違反が含まれている。また「家」保守派と改革派の論議の末に，民法も改正され，新民法（親族編・相続編）が公布された。戸主権と家督相続が廃止されたのである。また，民法論議の途中で1947年に制定された「日本国憲法の施行に伴う民法の応急的措置に関する法律」の第3条では，＜戸主，家族その他家に関する規定は，これを適用しない＞となっていた。これに従えば「家」に関する規定の基礎であった戸籍法は適用しないはずであった。だが，一連の法改正において戸籍制度は解体されるのではなく，また個人本位の身分登録制度を採用すると主張する民法改正案研究会の意見を聞くでもなく，旧戸籍法は家と戸籍を同一とみなす「家」保守派の内閣法制局によって全面改「正」された。1947年に新戸籍法が制定され1948年に施行されたのである。ここにおいて，新憲法と新民法の精神── 個人の尊厳と男女の平等 ──に基づいて旧民法上の「家」制度は一応廃止されたが，「家」制度と表裏一体であった戸籍制度は残存したのである。おそらくそれは，天皇制が象徴天皇制として残存したことと見合っているのであろう。したがって残存した戸籍制度は，象徴「家」制度とでも呼ぶべきかもしれない。こうして戦後も民法は，身分関係の成立を戸籍の記載によることとなった。しかし＜戸籍法は，実体法である民法の手続き法に過ぎない＞と考えられたがゆえに，戸籍制度そのものと

はほとんど問題視されてこなかった。実際には，民法の内容も，戸籍法の存在によって逆に規定されているのである。新民法の原則 ── 個人の尊厳と男女の平等 ── と新戸籍法の原則 ── 象徴「家」制度 ── は，原理的に相容れないものであった。

三代戸籍の禁止・戸主権の廃止・夫婦平等主義の採用・同一戸籍同一氏の原則等の内容をもつ，この新しい戸籍制度は，市町村の区域内に本籍を定める＜一組の夫妻及びこれと氏を同じくする（未婚の）子からなる＞夫婦・親子（二世代）の「氏共同体」単位の身分登録制度擬の「国民管理制度」として機能していったのである。この「氏共同体」は，いわゆる核家族と類似している観念ではあるが，その要件は同一「氏」＝夫婦同氏制であること，それによって「氏」＝「家」観念を保持すること（氏は個人の呼称ではなく，家族の名称であること），また「家」制度の「戸主」に従属する観念である「戸籍筆頭者」がいることである。

新戸籍制度の要点は＜「家」破れて「氏」あり＞である。民法としての「家」制度は一応廃止されたが，「家」の表示・象徴である「氏」は残し，戸籍記載の単位とした。「家」観念は，「戸籍」＝「氏」となって残存したのである。家族の編成が拡大家族制から核家族制に変移したという外見の下に「家」観念・意識は「氏」として温存するのが新戸籍制度の要諦である。これが「戸籍」制度の主要目的である。「家」単位の戸籍から「夫婦」単位の戸籍に「改正」されたと誤解してはならず，「戸籍」＝「家」＝「氏」の観念は不変であったことに留意すべきである。この観念は，市民社会の原則＝新憲法と新民法の原理 ── 人権の尊重と男女の平等 ── とさまざまに対立・矛盾する観念である。戸籍事務を管轄・監督するのは，法務省・法務局であるが，市町村長が代行・管掌している。戸籍の公開制度を採り，また正式には戸籍と犯歴簿は別々であるが実質的には一体となっている。こうして「戸籍」＝「家」＝「氏」の観念の維持が，戦後も「日本国民」に対する管理装置の機能を果たしたのである。

在日外国人は戸籍制戸から除外されていたので，在日外国人には別の「管理装置」が必要とされた。1947年に＜外国人に対する諸般の取扱の適正を期

す＞とされる「外国人登録令」（最後のポツダム勅令）が施行された。その内容は，登録証の常時携帯・提示義務・違反者への退去強制という外国人管理である。これにより，当時GHQによって日本国籍を保持すると認められていた＜台湾人及び朝鮮人は，当分の間，これを外国人とみなす＞と規定された。1949年には「改正」されて，常時携帯違反への罰則の強化・3年ごとの切替制度に変わっていった。さらに，1950年に改正された，血統主義の原則を採る国籍法には，国籍と戸籍の関係に関する条項がないのに，日本政府・司法省は強引に日本国籍者＝戸籍登録者としてしまった。＜戸籍に登録されてある事は国籍を証明されていると同意義である＞とされたのである。また，血統主義の国籍法の条文においては，「日本国民」の基本定義がないのである。つまり，父か母が日本人である子が自動的に日本国籍の保持者であるとされているだけである（このことは，日本国憲法には「天皇」を同定するための基本定義がなく，「皇位の世襲と継承」が定められているだけであることに見合っている）。こうして戸籍のない者は，本来戸籍と国籍とは別の観念であるにもかかわらず，日本国籍保持者ではなく外国人とみなされるのである。つまり，戸籍とは身分関係＝民事関係の登録簿である前に，国家と国民の関係を表す国籍の証明書になってしまっているのである。実際，法務局は戸籍によって「国籍証明書」を発行している。

　1951年にサンフランシスコ講和条約が締結された。そして1952年に，＜外国人の居住関係及び身分関係を明確ならしめ，もって在留外国人の公正な管理に資することを目的とする＞と規定された「外国人登録法」が成立した。日本人に対する居住関係を登録する住民票と身分関係にかかわる戸籍による管理が，在日外国人には外国人登録で一本化されたのである。日本政府は，講和条約発効の9日前に，法律ではなく単に＜平和条約の発効にともなう国籍および，戸籍事務の取扱いに関する＞「法務省民事局長通達」によって，事実上二重国籍状態にあり，台湾戸籍簿と朝鮮戸籍簿に登載されていた在日朝鮮人・台湾人を外国人（＝日本本土「内地」に本籍をもたない者）と規定し，一方的に日本国籍を剥奪し，外国人登録法の対象とした。国際法上，違法ともいえるこのような

国籍剥奪（国籍選択権の無視）の実行を支えたのが「戸籍制度」であった。つまり，国籍を戸籍で決定したのである。朝鮮戦争を背景にして日本国土に居住する（戸籍を有しない，つまり戸籍では管理できない）在日外国人（＝在日朝鮮人・台湾人）を「共産主義者」・「潜在的罪人」・「危険人物」として「公正に」管理・監視・支配するための法律が，「外国人登録法」と「出入国管理法」である。そしてさらには1955年に指紋押捺制度を外国人登録法の中に導入した。法務省は，戸籍をもたない外国人の管理のためには，同一人性の確認制度として指紋採取が有効であると考えたのである。

1952年（昭和27年）には，「住民登録法」が施行された。これは，地方自治の原理に基づく住居関係を証明する登録制度であったが，廃止される寄留簿制度の代用と考えられ，法務省によって国民管理の戸籍の補助台帳とされた。つまり地方自治のため「住民」登録の基礎台帳が，国家・法務省に「国民」台帳として管轄・管理されることとなったのである。

これは，個人単位の登録制度ではなく，また夫婦中心の単位でもなく，大家族を再建するものであり，戸主ならぬ「世帯（主）」単位の住民票が作成された。こうした住民票の作りは，「旧」戸籍＝「家」の記載様式に類似し，「本籍」「世帯主」「世帯主との続柄」等の記載がある。この住民票の記載は戸籍の付票によって戸籍簿と称号されるのである――戸籍付票制度。戸籍の付票によって，本籍が分かれば住民の住所がわかり，逆に住民票の住所がわかれば本籍もわかるのである。――戸籍支配の三位一体制。さらには，住民登録法は天皇と外国人には適用しないとされた。

住民登録法は，＜国及び地方公共団体の行政の合理化に資する＞ために，つまり「世帯」単位の「家」の編成を徹底させるために1967年（昭和42年）に「住民基本台帳法」に改められ，法務省から自治省に主務官庁も移ったものの，これによって住民登録は，地方自治行政のための登録制度から完全に国家行政のための「合理的」管理制度となっていった。1967年の通達で住民票は＜戸籍の代替としても利用できる＞となった。そして＜世帯を構成する者のうちで，その世帯を主宰するものが世帯主である＞という規定から＜（世帯主は）主と

して世帯の生計を維持する者であって，その世帯を代表する者として社会通念上妥当とみとめられる者＞という規定に「改正通達」された。また社会通念上ということで世帯主は＜一般に夫である＞と解釈された。戸主権や家督相続権はない「家」の「主」が，「世帯主」として再生されたのである。これによって世帯「主」と世帯員の区別が生じることとなる。住民生活＝市民生活の基本となる地方自治の行政サービスを受ける権利（選挙権・学校教育・国民年金・国民健康保険・社会保険・家族手当・児童扶養手当・福祉手当・予防注射・自動車運転免許・所得税控除・減税・印鑑証明等）が，住民登録（＝住民票）にまとめられ，そして国家行政＝戸籍制度として一本化していったのである。原則的には，住民票と戸籍とは分離されるべき制度なはずである。住民票は自治体固有の事務であり，住民サービスのための台帳であり，国家は本来，助言勧告権しかないはずである。

　こうして戸籍制度の外側に食み出された人は，地方自治体の行政サービスを受けることよって成り立つ住民生活を送ることが困難となりやすくなっていった。本来ならば，「住民票」なしでさえも公的な行政サービスは受けられるべきであるにもかかわらずである。また，就職・企業の諸手当て・労働組合の諸給付金・遺産相続・墓地の所有さえにも戸籍の証明が必要とされるようになっていった。さらに，戸籍簿記載名が「本名」になり，住民表の住所が「現住所」となっていく。「本名」が戸籍名でなければならない法律的根拠はなにもないし，本人が混乱しなければ１つでなくてもよいはずであり，仮名・別名・変名・通称・旧姓も「正式」に使えるべきである（ところが現実は，「偽名」で契約などをしたとされると「有印私文書偽造・行使」の容疑となり，また「現住所」と住民票の住所が異なると「公正証書原本不実記載」の容疑となるのである）。こうして住民生活＝市民生活の基本に，「戸籍」とそれに連結した「住民票」が不可欠であると思われるようになったのである。「住民」＝「国民」となり，重要な住居生活の変更には，必ず戸籍への届けが伴うこととされ，戸籍が必要不可欠とされる社会が形成されたのである。人びとにおいては＜…戸籍がないと大変だ。「人並み」の生活はできない。だから，せめて戸籍だけはきちんとしておきた

い…>というような意識が通常となる。ところが，実際に戸籍なしでは絶対不可能なことは，「婚姻届」（これに伴って「配偶者」への法定相続権，所得税の配偶者控除）・養子縁組・パスポート取得ぐらいである。他はほぼ（出生届も含めて）戸籍ではなく住民票による登録だけで可能であるという訴訟結果もでている。戸籍の提出が求められた場合にも，実際には住民票の提出で認められる事例が多いのである。「戸籍」の不可欠性という固定観念から逃走するには，まずは分籍・転籍謄本ではなく抄本，さらには記載事項証明書の利用，戸籍への記載事項の最小限化，そして戸籍に代わる住民票の使用などが有効であろう。

　また現行の住民票にも問題点があると思われる。本来，住民生活＝市民生活に必要なのは，戸籍制度とは連動されていない<u>個人単位の住民票</u>（個人票）だけでよいはずである。また住民基本台帳法第39条により日本国籍＝戸籍を保持していない在日外国人は，この法律の適用除外となり，住民登録ではなく外国人登録を行うことになった。本来，地方自治のための「住民」登録には日本人と外国人という国籍の区別は必要ないはずである。在日外国人も「住民」であることには違いないのである。さらに，すべての在日外国人は身分関係の創設の際には，戸籍制度に基づき戸籍係に届出をしなければならなくなっている。この届出は戸籍簿には記載されないが，届書は50年間保存されることになっている。外国人登録は，日本国民とは異なり「家」単位ではなく個人単位の「管理」であり，身分関係の証明方式は正に欧米の「身分登録」である。1985年に「住民基本台帳法の一部改正」があった。これにより，台帳の閲覧・交付の制限が法制化されたが，同時に台帳事務の民間委託も可能になってしまった。そして1982年に日本国は難民条約に加入し，同年に国民年金や児童手当等の福祉諸法が改正され，国籍条項は撤廃された。

3－8　新戸籍法の改「正」

　戸籍は，本籍や出生地によって人々の出身地を推定できるために身元調査に利用されて，いわゆる部落差別（特に結婚差別，就職差別等）を助長してきた。

また本籍と現住所の食い違っている者は社会的に「有徴」とされたのである。被差別問題に対する部落解放運動によって，1968年に差別記載のある「壬申戸籍」を永久封印し，1970年に戸籍の出生事項から町丁番地の記載が消された。1974年には，労働省に続いて，中高卒者の就職に戸籍提出を禁止するという文部省通達＜高等学校卒業者の就職応募書類の様式統一について＞が出された。1975年には，除籍簿の族称が消去された。さまざまな裁判闘争の末，1976年（昭和51年）に戸籍法改正があり，戸籍公開の原則を改め，閲覧制度を廃止し，戸籍証書の交付請求者に制限を加えた。だが，本人，家族，弁護士，国家には閲覧の制限はないのである。1977年より，地方自治体における住民票の公開制限も開始された。

夫婦別氏制を求める運動として「結婚改姓に反対する会」が結成されたのが1975年である。民法第750条で，婚姻後の夫婦は，どちらかの氏を選択しなければならないとされている。つまり，婚姻時に法律上は男女どちらの氏を選んでもよいのである。一見すると男女平等的であるが，実際には（1987年の厚生省人口動態統計で）97.8％の夫婦が夫の氏を選んでいる（というよりは，女・妻の方が自分の氏を断念している）。社会通念上は，結婚すると，妻が夫の姓を名乗るのが当然のこととされているわけである。また，妻の氏を選ぶと，それは「婿養子」であると誤解されることが多いが，実際は法律上「婿養子縁組」を経ていないので「婿養子」ではなく，妻の「家」に属する訳でもなく，改姓しない妻側が「戸籍筆頭者」になるだけなのである。これは「婚姻」とは，妻が夫の「家」の戸籍に入り，つまり「入籍」し，女が男の「家」に嫁ぎ，つまり「嫁」に行き，夫の氏を名乗る。つまり「結婚改姓」することであるという明治民法の「婚姻」観念が戦後も社会慣習として残っているからである。「氏」というものが「家」観念・意識の象徴・表象であることを考えれば，つまり人々を「家」制度に結びつけている「氏」による管理である戸籍制度が残存していることを考えれば，以上のことは当然の帰結であるように思われる。戸籍制度が存続する限り，法律婚は「家」＝「氏」観念に囚われた「婚姻」のままなのである。「家」＝「氏」＝「戸籍」制度を前提としたままで，民法上男女平

等・夫婦平等の原則を掲げても，現実には，女・妻が結婚改姓することとなってしまう。したがって「家」＝「氏」＝「戸籍」制度を前提としないで，男女平等・夫婦平等の原則を通すならば，女・妻の結婚改姓は必要がなく，男・夫の結婚改姓も必要がなく，婚姻と改姓は無関係となるような法律制度，つまり夫婦別氏制を導入せざるを得ないであろう。「夫婦別氏をすすめる会」が84年に発足した。また，「夫婦別姓選択制をすすめる会」，「夫婦別氏の法制化を実現する会」もできた。88年には「旧姓＝通称の使用」の提訴があった。89年の1月には東京弁護士会の「女性の権利に関する委員会」は「選択的夫婦別氏制採用に関する意見書」を法務省などに提出した。「氏」が単に夫婦の「姓」の問題ではなく，「氏」を支えている「家」観念の問題となるならば，夫婦別「氏」の問題は，「氏」＝「家」観念・意識の温存である戸籍制度と関連することになるのである。それ故に単に民法上の条項改正だけを行っても，戸籍制度を見直さない限りは，夫婦別氏制は実現困難であると思われる。

　1976年には，民法第750条により婚姻で「氏」を変えた者は，離婚した場合，これまでは元の「氏」に戻らなければならなかったが，3カ月以内に手続きすれば，婚姻中の「呼称」を名乗れることとなった。これを「氏」を名乗るのではないという解釈である。また1974年に登場した国連・婦人差別撤廃条約が，1979年に採択され，日本も1980年に署名した。その結果1984年に公布され，1985年に施行された「国籍法及び戸籍法の一部を改正する法律」によって，子供の国籍について父系優先血統主義から父母両系血統主義に転換された。しかし，これは国籍の「血統主義」から「生地主義」への移行ではなく，この「改正」は，「血統主義」を維持した「同化」改策の一環にすぎなかった。そして重国籍者は，20～22歳までに日本国籍の強制選択の宣言をさせられることとなった。20歳前で日本国籍選択していない重国籍者が子どもをもうけたとき，その子の国籍はどうするのかという問題がさらに残されることとなった。また国外で生まれた重国籍者全員に対しては，日本国籍留保制度を維持した。これは国籍＝戸籍制度のためである。この戸籍法改政によって，外国籍の人と婚姻した者も新戸籍を編製することとなり，婚姻後6カ月以内は，その

「氏」を外国籍配偶者の家族名の「日本語版」に変更することも可能となった。つまり，夫婦同氏・別氏の選択の自由が認められているのである。この改正の目的は，沖縄無国籍児問題・在日外国人問題の解消であった。しかしここにおいては，夫妻・親子単位の「同一戸籍同一氏の原則」が貫徹できなくなっている。つまり「国際」結婚の場合に，外国籍である夫あるいは妻の名は，戸籍の妻・夫欄には記載されないのである。これは，国籍・戸籍一致の原則を採用しているせいでもある。

　1980年に外国人登録法に対する指紋押捺拒否闘争が始まった。指紋押捺拒否闘争は，外国人登録法そのものに対する反対運動の一環として行われている。これまで指紋押捺制度を導入した外国人登録法は何度か改「正」（＝改悪）されてきた。1956年に「本人出頭の原則」と自治体の「事実調査権」が盛り込まれ，1958年に1年未満の「短期在留者」は除外され，1971年には10本から左手人差し指の1指押捺となった。1973年に警察庁は指紋照合にコンピュータを導入していた。1980年には再入国許可で出国の際，登録証の保持が可能となった。これは出入国手続きに登録証の一連番号を利用するためである。そして1982年には新登録年齢が14歳から16歳に，登録切替期間が3年から5年に変更され，また「出入国管理及び難民認定法」（出国確認の留保制度）が成立した。押捺拒否闘争の最中，外国人登録大量書替期の1985年に「五・一四通達」で回転指紋から平面指紋になった。そして，1987年の改正により，切替ごとの押捺ではなく，新規登録時の1回だけの指紋押捺となった。登録証明書はカード化され，カード作成は地方入管局が行うことにより，外国人登録事務は地方自治体ではなく，法務省が直接掌握管理することとなった。つまり，自治体の判断ではなく，直接に法務省が刑事裁判を問えるようになったのである。また，拒否者の登録更新期間はこれまで5年であったが，1年以上5年未満になった。こうした何度かの改「正」にもかかわらず，外国人の管理・取締・排斥という外国人登録法の基本姿勢にはまったく変化がないのである。

　戸籍の記載には，現実の身分関係（夫婦関係・扶養関係・相続関係）を直接に反映しているわけではないという問題点がある。同じ氏の同一戸籍にいるかい

第3章 ＜性＞の政治社会学　　65

ないかで、親族関係・財産相続関係の点で異なった法律上の取り扱い（＝権利・義務）を受けるわけではないのである。これは戸籍制度の第一の効用が、身分関係の登録ではなく、「家」＝「氏」観念の維持であるためであると思われる。また、戸籍の届出制度のために、届出者と当事者の意思との不一致という問題もある。この点を是正するために、たとえば、1952年の法務省の民事局長通達によって、協議離婚届は、当事者の一方に離婚の意思がない場合に、市区町村長が離婚届を不受理処分できるようになった。その後、1976年の民事局長通達「離婚届等不受理申出の取扱いについて（先例変更）」において、離婚届は、あらかじめ届出の意思のないことを申し出ることによって当事者の他方が届出を提出しても、受理されなくなった。これにより、戸籍は夫婦の財産分配装置として機能することとなった。そしてこの制度はすべての創設的届出に適用されるようになっていった。

　戸籍簿記載上には、「家」制度を廃止した民法の原則と矛盾する「嫡男単独の家督相続制」に見合う親子関係・嫡出家族の続柄呼称が残されている。嫡出子と非嫡出子の差別待遇である。勿論、婚姻の目的が子の嫡出性にあると考える者にとっては、これは差別ではなく重要な区別である。だが「嫡出子」という考え自体が男子家督相続制＝父系血統主義を前提にした子供の区別のための概念であり、つまり「嫡出子」＝嫡子とは夫の嫡妻（＝本妻・正妻）の子で家督を相続する者であり、人権思想や憲法原則や男女平等と相容れない考えであろう。未婚・非婚の母に対する差別待遇もここから生じている。すべての子供は、妻ではなく母親の「嫡出子」とでも考えれば、非嫡出子差別自体が生じる余欲がなくなるはずである。現状では、「嫡出子」（公生児、"嫡子"）の記載には、長男・二男……、長女・二女……であり、あるいは"養子"であり、「非嫡出子」（"私生児"、"庶子"、婚外子、テテナシ子）の記載は、父の「認知」があろうとなかろうと、男、女（住民票の場合は、子）である。さらに、民法では非嫡出子の財産相続分は根拠も無く嫡出子の半分となっている。また、養子制度の見直しに伴って、1987年に特別養子制度が導入された。養子も実子同様に扱い、離縁を許さないことにするのである。だが、これでは、なぜ養子と実

子に差別待遇があるのかの根本解明にはならないのである。さらに，健康保険証・妊娠届・母子手帳（申請書）・出生届の記載様式は，「家」制度の家族関係観念（＝イデオロギー）に基づいて構成されている。つまりこれは独立した女や男が1人で生活していくことを「公認」しない様式なのである。1979年には「＜私生子＞差別をなくす会」が発足し，また「婚外子差別と闘う会」，「出生差別の法改正を求める女たちの会」などもできた。

3－9　戸籍婚＝「婚姻」の特異性

日本における法律婚は，以上みてきたような「戸籍婚」である。日本国憲法（第二十四条）では，＜婚姻は両性の合意のみに基づいて成立する＞となっている。もちろん，実質的要件がある。民法第七百三十一条から第七百三十六条である。その内容は婚姻年齢・重婚の禁止・再婚禁止期間・近親婚の制限・直系婚姻間の婚姻禁止・養親子関係間の婚姻の禁止である。1番目と3番目は単純に考えて憲法第十四条（法の下の平等）・第二十四条（両性の平等）違反と考えられる。婚姻の成立は，要件を満たした両性の合意であるが，これだけではまだ法的「効力」は生じないとされる。というのは法律は「成立」と「効力」を区別しているからである。「効力」のための規定が民法第七百三十九条（婚姻の届出）である。＜婚姻は，戸籍法の定めるところによりこれを届出ることによって，その効力を生じる。＞婚姻届という様式（形式的要件）がなければ，「効力」は認められないのである。これが，「届出婚」ということの意味である。そしてこの様式を規定しているのが戸籍法第七十四条（婚姻の届出）＜婚姻をしようとする者は，左の事項を届書に記載して，その旨を届け出なければならない。一，夫婦が称する氏　二，その他命令で定める事項＞である。日本における法律婚は，憲法（婚姻の成立）と民法（婚姻の効力）と戸籍法（婚姻の届出）によって規定されている。さらに，＜届けないと成立も効力も認めない＞ことになっている。理論的には「届出」をしなくても「成立」だけはしていると考えられるが，1898年以後は，この説は退けられてしまった。こうして日本に

おける法律婚は，戸籍に届け出るという「届出婚」となったのである。しかし婚姻の届出は，戸籍の記載のためであるから，日本の法律婚は「届出婚」というよりは「戸籍婚」と呼ぶ方が正確なのである。「届出婚」というだけの認識では，市民社会における「登録婚」との相違点が理解できずに，「届出婚」＝「登録婚」とみなしてしまい，「結婚」＝登録婚（民事都）と「婚姻」＝届出婚（＝戸籍婚）の区別がつかずに，「婚姻」＝届出婚の特異性が認識できないままとなってしまう恐れがある。日本の法律婚＝「婚姻」を「戸籍婚」と明確に認識することで，「婚姻」がまさに「戸籍」によって規定されている法律婚であることを了解できるであろう。

　では，「婚姻」の（法的）効力とは，いかなるものであるのか。民法第二節婚姻の効力（第七百五十条から第七百五十四条）では，夫婦の氏・生存配偶者の復氏，系譜等の承継・同居，協力扶助の義務・婚姻による成年・夫婦間の契約の取消権となっている。実質的な効力は，ほとんどないといってもよいであろう。1番目2番目のものは，効力というよりは憲法第十一条（基本的人権）・第十三条（個人の尊重）違反である。これは正に民法が憲法にではなく戸籍法＝「氏」制度に規定されている例の1つである。実質的にみるならば，婚姻の法的効力は，①離婚できること，②子を嫡出子にできることであろう。戸籍への婚姻の届出のないいわゆる「内縁」関係では，この2つのことはできないのである。「内縁」とは，1915年（大正4年）の大審院の判決では＜習慣上の儀式を挙行し，事実上夫婦同様の生活を開始するに至りたるもの＞であった。その後の判例上，内縁関係は，婚姻に準ずる「準婚関係」だとみなされてきた。労働運動の結果，1937年（昭和12年）には＜届出を為さざるも事実上婚姻関係と同様の事情にある者＞が「内縁」の配偶者となった。つまり，「内縁」とは，戸籍法上の届出を出していないだけで，其の内実は「届出婚」と同様であると社会的に・法律的にみなせる夫婦関係のことなのである。

　法律婚＝届出婚＝戸籍婚と内縁関係とみなせる婚姻の違いは，婚姻届という様式1枚だけの違いであるといえるであろう。この様式1枚の差を大とみるか小とみるかで「婚姻」に関する基本視座が異なってくる。小とみる人は，婚

姻届を出すか出さないか，つまり「籍を入れるか入れないか」（注：この表現には事実誤認がある。つまり戦後の「婚姻」とは「入籍」するのではなく，夫婦の新戸籍を作るのである）にそれほどこだわっても仕方がないと考え，婚姻届を出すか出さないかの形式を問題にするよりも，夫婦関係の内実や中味や実践のほうが大切であると考えるであろう。要は，形式ではなく内容であり，形式は利用して，他の中味のあることをやればそれでよいと主張することが多いであろう。しかしながら，こう主張する人びとは，届出を小とみなしたのだから婚姻届を出さないかというとそうではなく，大抵は届出婚を選ぶのである。このことは，様式1枚の差が小さいといっても，実質的には届出婚と内縁関係には歴然とした社会的・慣習的な差別待遇があることを物語っている。たとえば，出産を前にすると婚姻届を出していない夫婦に対しては「子供がかわいそう」「子供のために籍を入れたほうがよい」「子供に親の生き方＜わがまま＞を押しつけるべきではない」などという言葉がよく発せられる。これは厳しい非嫡出子差別や未婚の母差別が社会的に存在していることの逆説的な表現であろう。つまり，様式1枚の差は小とみなしている人びとにとってもそれほど社会的に「小」ではないのが実状であるようである。このような差別待遇を法制的に維持・強化しているのが正に戸籍法なのである。

　また一方，この差を大とみる人は，国家の法律に基づく婚姻の届出という形式的手続きがプライベートな男女関係・恋愛関係・性関係の実質的関係を規定・管理するのはおかしいと考えて，婚姻の「届出」をしないということにこだわって，事実上の夫婦関係（＝「事実婚」）を重視する様な人である。事実婚主義である。しかしながら，こだわることが，重大な「婚姻届」を出さないということだけになってしまうと，別の落し穴が待ち受けていると思われる。つまり重視していた事実上の夫婦関係の内実が，実は「届出」のない「内縁」関係とみなせるものと余り変わらないという陥穽である。「内縁」関係とはまさに婚姻届を出していないだけで，「届出婚」＝「戸籍婚」と同等であると法律的に・慣習的にみなせる夫婦関係のことであった。つまり，婚姻届を出せば「届出婚」＝「戸籍婚」であり，婚姻届を出さなければその内実は「届出婚」＝「戸

籍婚」ではない，とはならないのである。差が大として「婚姻届」を出さないことにこだわるならば，事実上の夫婦関係の内実がいかに「内縁」関係と異なっているのかが要諦である。つまり，どれほど「内縁」関係とは異なる「事実婚」であるのかということである。

こうなると，重要な点は，「届出婚」と届出のない「内縁」関係の相違に大きな意味を見いだすことではないようである。「届出」を出していないだけで「届出婚」とみなされることができる「内縁」関係を含めての「届出婚」＝「戸籍婚」の内実と，「内縁」関係とは別の「事実婚」の内実の差異に重要な意味を見いだすことのようである。しかしながら，「届出婚」と「事実婚」の相違を探究するのには，「届出婚」＝「戸籍婚」＝「婚姻」と市民社会の法律婚である「民事婚」＝「結婚」の相違を認識することによって，まずは「届出婚」＝「戸籍婚」「婚姻」の特異性を理解することが近道であると思われる。つまり，「届出婚」の法律婚と非・法律婚の「事実婚」の差異を検討するには，「戸籍婚」＝「婚姻」と「民事婚」＝「結婚」の相違を認識してからでも遅くはないのである。

「婚姻」と「結婚」の相違点は，以上でみてきたように，「戸籍婚」が戸籍制度によって規定されているのに対して，「民事婚」が身分登録制度によって規定されていることである。日本国の「届出婚」＝「戸籍婚」の内容・形式は正に戸籍制度によって特徴づけられている。戸籍制度は，国民を「家」＝「氏」共同体の中に管理する装置である。したがって，戸籍制度に規定された「戸籍婚」においても，夫婦関係・親子関係は「家」＝「氏」集団として統制されることとなる。「戸籍婚」において，夫婦関係とは個人と個人の関係・女と男の関係ではなく，まずは集団関係＝家族関係であり，この家族関係には必ず「家長」を要することとなる。つまり，夫婦関係・男女関係・親子関係と家族関係・親族関係・上下関係が区別されずに，前者が後者に還元されてしまうのである。戸籍制度のある所では，「家」制度は遺制なのではなく，正に現役の社会制度であり，特に「戸籍婚」という法律婚の形で「正当な」男女関係の規範の土台となってしまうのである。

【参考文献】

(1) 青木英夫『西洋結婚文化史』源流社，1987年。
(2) 青島美幸『あ，結・婚。ちょっと待って！』日本実業出版社，1988年。
(3) アジアの女たちの会・英文毎日編『日本の新国籍法』，1985年。
(4) 有賀喜左衛門『日本婚姻史論』日光書院，1948年。
(5) 有賀喜左衛門『婚姻・労働・若者』（有賀喜左衛門著作集Ⅵ）未来社，1968年。
(6) 池上千寿子編『シングル・マザー（結婚を選ばなかった女たちの生と性）』学陽書房，1982年。
(7) 池田温『古代籍帳研究』東京大学東洋文化研究所，1979年。
(8) 石井良助『日本婚姻史』創文社，1977年。
(9) 石井良助『家と戸籍の歴史』創文社，1981年。
(10) 石川栄吉・峰岸純夫・三木妙子編『家と女性－役割－』三省堂，1989年。
(11) 井上治代『女の「姓」を返して』創元社，1986年。
(12) 江崎泰子・森口秀志編『「在日」外国人』晶文社，1988年。
(13) 江原由美子［結婚の意味の変貌］（『フェミニズムと権力作用』勁草書房，1988年）。
(14) 海老坂武『シングル・ライフ』中央公論社，1986年。
(15) 海老坂武『私の"パートナー"へ（シングル人間の位置から）』筑摩書房，1987年。
(16) 江守五夫『結婚の起源と歴史』（現代教養文庫）社会思想社，1965年。
(17) 江守五夫『日本の婚姻—その歴史と民俗』弘文堂，1986年。
(18) 大井正『性と婚姻のきしみ』福村出版，1980年。
(19) 大沢孝司『家族法と戸籍の諸問題』日本加除出版，1966年。
(20) 大間知篤三『婚姻の民俗学』岩崎美術社，1967年（『著作集2』未来社，1975年）。
(21) 金城清子『法女性学のすすめ－女性からの法律への問いかけ－』有斐閣，1983年。
(22) 金城清子『法のなかの女性』新潮社，1985年。
(23) 神島二郎『日本人の結婚観』（講談社学術文庫）講談社，1978年（『結婚観の変遷』，1961年）。
(24) 川島武宜『結婚』（岩波新書）岩波書店，1954年。
(25) 蒲生正男［日本の婚姻体系］（祖父江孝男編『文化人類学リーディングス』誠信書房，1968年）。
(26) 神原文子［書評・「脱・結婚」］（『ソシオロジ』（第31巻1号）（96号），1986年）。
(27) 岸俊男『日本古代籍帳の研究』塙書房，1973年。
(28) 国際結婚を考える会編『素顔の国際結婚』ジャパンタイムズ社，1986年。
(29) 国際結婚を考える会編『国際結婚ハンドブック』明石書店，1987年。

(30) 駒沢喜美『結婚の向こう側—その愛にふみ切っていいかな』主婦と生活社, 1981年。
(31) 婚外子差別と闘う会『出生届のミニガイドブック—出生届を出す前にちょっと考えてみませんか—』, 1987年。
(32) 佐々木静子『女性のライフサイクルと法』ミネルヴァ書房, 1988年。
(33) 佐藤文明『戸籍』(FOR BEGINNERS シリーズ) 現代書館, 1981年。
(34) 佐藤文明『戸籍がつくる差別（女性・民俗・部落，そして〔私生子〕差別を知っていますか。)』現代書館, 1984年。
(35) 佐藤文明『訣婚パスポート』現代書館, 1987年。
(36) 佐藤文明『戸籍うらがえ史考（戸籍・外登制度の歴史と天皇制支配の差別構造）』明石書店, 1988年。
(37) 坂元良江『結婚よりもいい関係（非婚の家族論）』人文書院, 1988年。
(38) 島野窮子『身分登録制度』(「平凡社大百科事典14」平凡社, 1985年)。
(39) スタジオ・ヌアー編『家族?』晶文社, 1986年。
(40) Hermann Schreiber 1978. *Singles-Allein leben.* Munchen：C. Bertelsmann Verlag GmbH.（西義之訳）『シングルス—脱結婚時代の生き方』TBSブリタニカ, 1980年。
(41) W. N. Stephens 1963. *The Family in Cross-Cultural Perspective*, New York：Holt, Rene hart & Winston.（山根常男・野之山久也訳）『家族と結婚—その比較文化的解明—』誠信書房, 1971年。
(42) 瀬川清子『婚姻覚書』講談社, 1957年。
(43) 高群逸枝『招婿婚の研究1』（高群逸枝全集第2巻）理論社, 1968年。
(44) M．デルマ＝マルティ（有地亨訳）『結婚と離婚』（クセジュ文庫）白水社, 1974年。
(45) 利谷信義『戸籍（近代日本の戸籍制度)』(『平凡社大百科事典5』平凡社, 1984年)。
(46) 利谷信義『家族と国家』筑摩書房, 1987年。
(47) 成毛鐵二『戸籍の実務とその理論』日本加除出版, 1966年。
(48) 西川美紀『法律における結婚』(吉積京子ほか, 1985　収容), 1985年。
(49) 林秀彦『非婚のすすめ』日本実業出版社, 1987年。
(50) 林秀彦『結婚と人生（いま，結婚を意識しはじめたあなたに)』三笠書房, 1988年。
(51) 林真理子『花より結婚きびダンゴ』CBSソニー出版, 1983年。
(52) Max picard 1943. *Die Unershuhtterliche Ere*, Zuhrihe：Eugen Rentsch Verlag.（佐

野利勝訳)『ゆるぎなき結婚』みすず書房, 1964年。
(53) 久武綾子『氏と戸籍の女性史(わが国における変遷と諸外国との比較)』世界思想社, 1988年。
(54) 福島正夫編『戸籍制度と「家」制度』東京大学出版会, 1959年。
(55) M. ブライア編(三好洋子編訳)『結婚・受胎・労働(イギリス女性史1500～1800)』刀水書房, 1989年。
(56) 平田耿二『日本古代籍帳制度論』吉川弘文館, 1986年。
(57) R. O. ブラッド(田村健二監訳)『現代の結婚—日米の比較』培風館, 1978年。
(58) L. ブルム『結婚について』(角川文庫)角川書店, 1959年。
(59) 星野澄子『夫婦別姓時代』青木書店, 1987年。
(60) B. K. Malinowski & R. Briffault 1956. *Marriage : Past and Present.* Boston, (江守五夫訳・解説)『婚姻(過去と現在)』社会思想社, 1972年。
(61) ルーシー・メア(土橋文子訳)『婚姻—夫とは何か／人類学的考察』法政大学出版局, 1979年。
(62) L. H. Morgan 1877, *Ancient Society*, New York : Holt. (青山道夫訳)『古代社会』(岩波文庫)岩波書店, 1958年。
(63) 森岡清美[婚姻](『社会学辞典』有斐閣, 1958年)。
(64) 森本和夫編『婚姻の原理—結婚を超えるための結婚論集』現代思潮社, 1971年。
(65) 柳田国男『婚姻の話』岩波書店, 1948年(『柳田国男集15』筑摩書房, 1969年)。
(66) 柳田国男・大間知篤三『婚姻習俗語彙』図書刊行会, 1975年。
(67) 山田成[身分登録](『世界大百科事典29』平凡社, 1981年)。
(68) 山本冬彦・吉岡増雄『在外外国人と国籍法入門』社会評論社, 1987年。
(69) 吉積京子ほか『脱・結婚—女と男のしなやかな関係を求めて—』世界思想社, 1985年。
(70) 吉広紀代子『非婚時代』三省堂, 1987年。
(71) 吉広紀代子『男たちの非婚時代』三省堂, 1988年。
(72) K. R. ロジャーズ(村上正治・尚子訳)『結婚革命』サイマル出版会, 1982年。
(73) 判事リンゼイ(原田実訳)『友愛結婚』中央公論社, 1930年。
(74) 渡辺欣雄・杉島敬志[結婚](『文化人類学事典』弘文堂, 1987年)。
(75) 和田正平『性と結婚の民族学』同朋舎, 1988年。
(76) E. A. Westermarck 1891(1921). *The History of Human Marriage* (3 vols.). (原田東吾訳)『人間結婚史』大東出版, 1939年(1940年), (江守五夫訳)『人類婚姻史』社会思想社, 1970年。

⑺　現代思想『特集＝結婚（共同体の欲望）』（vol.16－7）6月号，1988年。
⑻　思想の科学『例解結婚学入門』（No.108）10月号，1988年。
⑼　現代のエスプリ『結婚とは何か』（第9巻・第53号）至文堂，1971年。
⑽　現代のエスプリ『「夫婦別姓」を生きる』（No.261）至文堂，1989年。
⑾　女・エロス『特集＝婚姻制度をゆるがす』（No.1）社会評論社，1973年。
⑿　女・エロス『特集＝反結婚を生きる』（No.2）社会評論社，1974年。
⒀　女・エロス『特集＝婚姻届の呪縛を解け』（No.12）社会評論社，1979年。
⒁　まるごとマガジン『まるごと一冊結婚の本』（②号）女性のための編集者学校出版局（ブロンズ新社），1988年。

第4章
育児の社会化について

4-1 はじめに：思いこみを脱ぎすてる(1)

　育児や子育てについて考察するときに，1つの大きなネックが存在している。それは，私たちが育児や子育てについてある種の強固な「思いこみ」をもってしまっているのではないかということである。思いこみとは，やっかいな問題である。「思いこみ」は，その思いこんでいる当人には「思いこみ」とは認知されないものである。「思いこみ」は当人にとっては信念であり，自明の理であり，当然の事実なのである。「思いこみ」とは，他者からみたときの「偏見」「先入観」「先入主」「偏りのある意見」なのであり，当人にとっては端的な「事実」「見解」「理解」になっているのだ。予断であれ偏見であれ，事実や真実でないことも当然のことであり，堅く信じ込んで疑わなくなっているのである。思いこんだことは，事実や真実ではないのではないかとは疑われないものなのだ。それ以外にはない，そうだとばかりに信じきっていることは，意外と，日常生活には数多く存在しているのである。
　アンラーニングということが一部でいわれている(2)。「学んできたものをわざと忘れ去る」ことが提案されているのだ。英語でunlearnとは，学んだことや覚えたことなどを自分から（故意に）忘れる，過ちや誤りだと知る，悪習や誤りなどを捨て去る，既得の知識を捨てる，という意味の言葉である。最近では，既知のことが誤りだとわかり，それを忘れ去ることが重要なことになってきているのだ。単にlearn（学ぶ，覚える，教わること）だけが重要なのではなく，もうすでに知っていることが誤りだと気づくことが重要であり，さらにその誤った既知のことを忘れ去ることが重要なのである。やっかいな時代である。
　「生涯学習」という言葉もこのような文脈で理解すべきものなのかもしれな

い。単に「学習」(ラーニング)に注目しているのではなく,「生涯」のあらゆる段階でアンラーンすることの重要性が注目されるべきなのだろう。しかしながら,日本では1990年に制定された「生涯学習振興法」以降,「生涯学習」という言葉はよく聞かれるようになったが,このような文脈ではあまり用いられていないのではないか。生涯学習の体制と基本構想が都道府県の教育委員会に任されてしまったこともその一因なのだろう。「人々の生涯を通じる自己向上の努力を尊び,それを正当に評価する社会」が生涯学習社会となっているのだ。生涯学習社会とは単に学歴偏重社会の対語となっている言葉にすぎないのである。

4-2 子育てはだれのもの?

「子育てはだれのもの?」,「子育てをするのは誰ですか」,「子育ては誰の役割ですか」と現代の日本社会に住んでいる人に質問をすると,次のような答えが多くかえってくるだろう。

- 主に両親,補助として祖母,祖父など
- 基本的には親,血縁親族
- 親,家族
- 基本的に両親,周りが助ける
- 両親,特に母親,保母さんや幼稚園などの先生
- 一般的に両親,母親の方が多い
- 主に母親と幼稚園などの施設の先生,しつけに関しては父
- 主に母親,経済面では父親が主
- 母　親

「子育てはだれのもの?」という質問に対する答えとしては,「家族」,「両親」(父母),主に「母親」という答えが圧倒的に多いのである。「両親」と答えた人も,父親と母親には子育てに関して別々の役割があると考えている人が多いのだ。いわく,子供をしかる役は父親,あるいは養育費を出すのは父親の責任である,などなど。他方で,具体的な日常の育児は,乳幼児の時から母親の役

割となっている。したがって，具体的な子育ては「母親」のものという考えが，圧倒的な一般的解答になっているのである[3]。

子育ては「母親」のものというのが一般常識になっている。この常識は，自明の理であり，当然のことなのだろうか。それとも「思いこみ」なのだろうか。「思いこみ」ならば，脱ぎすてることができるのだろうか。これは，アンラーンすべき常識なのだろうか。「思いこみ」であるならば，どのようにして思いこんでしまったのか，いつ頃から「思いこみ」が始まったのか。本稿で考察したい論点は，このことなのである。

4-3　ジェンダー発展途上国・日本の現状

「子育ては母親のもの」という思いは，常識なのか，それとも「思いこみ」なのかを検討するために，現代の日本社会の現状を多少，把握してみることにする。日本社会の現状が，「子育ては母のもの」という思いに関連しているかもしれない，と考えてみることは無駄ではないだろう。「子育ては母親のもの」という命題は，普遍的な常識なのか，それとも一定の社会的な条件で成立しているものなのかを検討してみるのである。

UNDP（国連開発計画：United Nations Development Programme）は，1990年以来毎年「人間開発報告書（Human Development Report）」を発刊している（1994年からは日本語版も発行されている）。この報告書で，開発援助の目的は，ひとりでも多くの人びとが人間の尊厳にふさわしい生活ができるように手助けすることと位置づけられている。そのうえで，各国の開発の度合いを測定する尺度を指数化しているのだ。3つの指数が提示されている。HDI（人間開発指数：Human Development Index）とGDI（ジェンダー開発指数：Gender-Related Development Index）とGEM（ジェンダー・エンパワーメント測定：Gender Empowerment Measure）である。

HDIとは「基本的な人間の能力が平均どこまで伸びたかを測るもので，その基礎となる「長寿をまっとうできる健康な生活」，「知識」および「人並みの生

活水準」の3つの側面の達成度の複合指数である。具体的には，平均寿命，教育水準（成人識字率と就学率），調整済み1人当たり国民所得を用いて算出している。」

　GDIとは「HDIと同じく基本的能力の達成度を測定するものであるが，その際，女性と男性の間で見られる達成度の不平等に注目したもの。HDIと同様に平均寿命，教育水準，国民所得を用いつつ，これらにおける男女間格差をペナルティとして割り引くことにより算出しており，「ジェンダーの不平等を調整したHDI」と位置づけることができる。」

　GEMとは「女性が積極的に経済界や政治生活に参加し，意思決定に参加できるかどうかを測るもの。HDI，GDIが能力の拡大に焦点を当てているのに対して，GEMは，そのような能力を活用し，人生のあらゆる機会を活用できるかどうかに焦点を当てている。具体的には，国会議員に占める女性の割合，行政職及び管理職に占める女性の割合，専門職及び技術職に占める女性の割合，女性の稼得所得の割合を用いて算出している。」

　2003年7月8日に発表された『人間開発報告書2003』では，HDIが21カ国で1990年代に後退したと示されている。「HDIの後退は異常事態である。というのもこうした指標は普通，時間の経過とともに，少しずつゆっくりと改善していくものだからである。」「これらの国々では所得水準の向上だけでなく，保健医療と教育にも緊急に取り組む必要があることを示している。」と警告している。指数の最下位に位置する，人間開発低位国のほとんどは，サハラ以南のアフリカの国々で，HIV/エイズ禍が低下の原因だと分析されている。

　「女性の政治的・経済的分野への参加を示すジェンダー・エンパワーメント指数（GEM）今年のGEMのデータは，人間開発指数（HDI）の順位が高い国でも，女性に対する差別が根強いことを示している。多くの貧困国が，はるかに豊かな国よりも高い実績を示している。女性の社会への参加という点では，ボツワナ，コスタリカ，ナミビアの女性が，ギリシャ，イタリア，日本の女性よりも恵まれている。」「先進国についていえば，GEMとHPI（人間貧困指数）の方が，人間開発指数よりも人間開発を測定する尺度としてずっと意味があ

る。」と指摘されている。

　日本社会の現状を検討するための手がかりは，この辺に存在しているようである。日本社会の特徴は，GEMの順位がHDI，GDIの順位に比較して大きく下回ることである。HDIのベストテン国は，ノルウェー・オーストラリア・カナダ・スウェーデン・ベルギー・アメリカ合州国・アイスランド・オランダ・日本・フィンランドである。GEMのベストテンは，ノルウェー・アイスランド・スウェーデン・デンマーク・フィンランド・オランダ・カナダ・ドイツ・ニュージーランド・オーストラリア（・アメリカ合衆国）である。日本社会は，HDIについてはこの10年間，ベストテンの中に常に入っているが，GEMについては，2007年度54位，2006年度42位，2005年度43位，2004年度38位，2003年度44位，2002年度32位，2001年度31位なのである（順位が後退しているのだ）。

　ここでGEMベストテンの国を仮に「ジェンダー先進国」と名づけてみよう。こうしたジェンダー先進国と，日本国の現状はどのような相違があるのだろうか。ジェンダー先進国の代表としてスウェーデンを取り上げて，日本社会の現状と比較してみることにする。『平成15年版男女共同参画白書―国際比較でみる男女共同参画―』（内閣府編）では，「日本の女性の社会参画水準は欧米諸国と比較して低い。この背景には，仕事と子育ての両立支援策等女性の就労に対する環境整備水準の違いや根強い固定的性別役割分担意識により，能力を十分に発揮する機会に恵まれていないこと等がある。」と指摘されている。この辺を中心にして，両国の現状を比較分析してみる[4]。

　A．2002年度のGEM順位　（図表4－1）
　　　日　本：32位　　　　　　　スウェーデン：3位
　B．女性国会議員数の割合（2002年）（図表4－1）
　　　日　本：7.3％　　　　　　　スウェーデン：45.3％（1位）
　C．女性労働力率（2001年）（図表4－1）
　　　日　本：49.2％　　　　　　 スウェーデン：76.2％
　D．管理的職業従事者に占める女性割合（2001年）（図表4－1）

　　　　　　　　　　　　　　　　　　第 4 章　育児の社会化について ●────79

　　　　日　本：8.9％　　　　　　スウェーデン：30.5％
E．育児期にある夫婦の仕事／家事時間（**図表 4 － 1**）
　　　　日　本：夫：7.7／0.4時間　　スウェーデン：夫：6.4／2.5時間
　　　　　　　　妻：3.7／3.8時間　　　　　　　　　　妻：3.9／3.9時間
F．役割分担意識（**図表 4 － 1**）（**図表 4 － 2**）
　　　　日　本：強い　　　　　　　スウェーデン：ほとんどない
G．女性の年齢階級別労働力率（**図表 4 － 3**）
　　　　日　本：M字型　　　　　　スウェーデン：台形型
H．女性が職業をもつことについての考え（2002年）（**図表 4 － 4**）
　　（子どもができても，ずっと職業を続ける方がよい）
　　　　日　本：41.0％　　　　　　スウェーデン：77.8％
　　（子どもができたら職業をやめ，大きくなったら再び職業をもつ方がよい）
　　　　日　本：40.9％　　　　　　スウェーデン：　4.0％
I．育児休業の取得状況（**図表 4 － 5**）
　　　　日　本：出産女性労働者の56％　スウェーデン：女性はほぼ完全取得
　　　　　　　　男性の0.4％
　　　　　　　男女比は女97.6％　　　　　　　　　男女比は女約64％
　　　　　　　　　　男　2.4％　　　　　　　　　　　　　　男約36％
J．育児期にある夫婦の育児時間（**図表 4 － 6**）
　　　　日　本：夫：0.4時間　　　　スウェーデン：夫：1.2時間
　　　　　　　　妻：1.9時間　　　　　　　　　　　妻：2.2時間
K．男女間賃金格差（男性＝100）（**図表 4 － 7**）
　　　　日　本：65.3　　　　　　　スウェーデン：88.4
L．3 歳未満の子の保育サービス利用と女性の労働力率（**図表 4 － 8**）
　　（女性労働力率）
　　　　日　本：66％　　　　　　　スウェーデン：85％
　　（保育利用率）
　　　　日　本：13％　　　　　　　スウェーデン：48％

M. 婚外子の割合（図表4－9）
　　日　本： 1.4%（1997年）　　　スウェーデン：53.9%（1996年）
N. 青年の結婚観についての考え（1998年）（女性）（図表4－10）
　　（結婚すべきだ＋結婚した方がよい）
　　　日　本：64.1%　　　　　　　スウェーデン：30.9%
　　（結婚しなくてもよい）
　　　日　本：31.8%　　　　　　　スウェーデン：64.4%

図表4－1　各国の男女の主な参画状況と制度の充実度

	日　本	スウェーデン
GEM順位（2002年）	32位	3位
国民負担率（1999年）（％）	(2002年) 38.3	75.4
女性国会議員数の割合（2002年）（％）	7.3	45.3
女性労働力率（2001年）（％）	49.2	76.2
管理的職業従事者に占める女性割合（2001年）（％）	8.9	30.5
育児期にある夫婦の 　仕事時間（時間） 　家事時間（時間）	夫　　妻 7.7　3.7 0.4　3.8	夫　　妻 6.4　3.9 2.5　3.9
クォータ制（政治）	導入していない	導入している
育児休業制度	やや充実している	充実している
男女の平等意識	不平等感が 非常に強い	不平等感が 強い
役割分担意識	強い	ほとんどない

（出所）1．GEM（ジェンダー・エンパワーメント指数：女性が積極的に経済界や政治生活に参加し，意思決定に参加できるかどうかを測る指標）は国連開発計画「人間開発報告書」（2002年版）より作成。
　　　2．国民負担率は財務省資料より作成。
　　　3．国会議員数はIPU（列国議会同盟）資料より作成。
　　　4．労働力率と企業の管理的職業従事者に占める女性割合はILO「Yearbook of Labour Statistics」（2002年）より作成。
　　　5．育児期にある夫婦の仕事時間，家事時間はOECD「Employment Outlook」（2001年），総務省「社会生活基本調査」より作成。
　　　6．その他は内閣府「男女共同参画諸外国制度等調査研究報告書」（平成13，14年度），「男女共同参画社会に関する国際比較調査」（平成14年度）および「男女共同参画社会に関する世論調査」（平成14年7月）より作成。

第4章　育児の社会化について　●——— 81

図表4－2　固定的性別役割分担意識（夫は外で働き，妻は家庭を守るべきである）

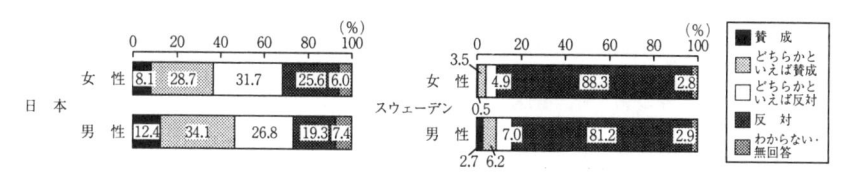

日本
女性：賛成 8.1／どちらかといえば賛成 28.7／どちらかといえば反対 31.7／反対 25.6／わからない・無回答 6.0
男性：賛成 12.4／どちらかといえば賛成 34.1／どちらかといえば反対 26.8／反対 19.3／わからない・無回答 7.4

スウェーデン
女性：賛成 3.5／どちらかといえば賛成 4.9／どちらかといえば反対 0.5／反対 88.3／わからない・無回答 2.8
男性：賛成 2.7／どちらかといえば賛成 7.0／どちらかといえば反対 6.2／反対 81.2／わからない・無回答 2.9

（出所）内閣府「男女共同参画社会に関する国際比較調査」（平成14年度），「男女共同参画社会に関する世論調査」（平成14年7月）より作成。

図表4－3　各国年齢階級別女性労働力率

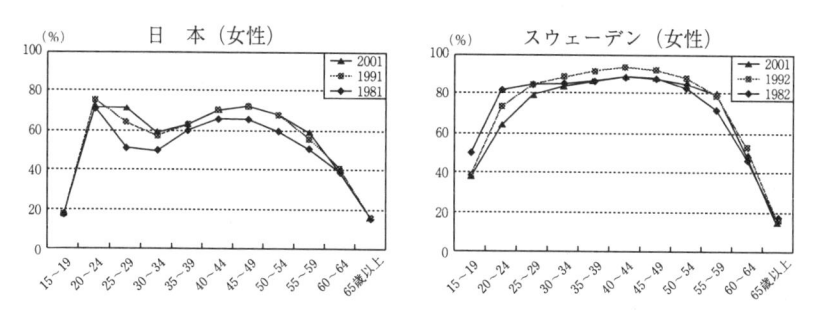

日本（女性）／スウェーデン（女性）　（2001, 1991, 1981 ／ 2001, 1992, 1982）

（出所）1．ILO「Yearbook of Labour Statistics」より作成。

図表4－4　一般的に女性が職業をもつことについての考え（女性）

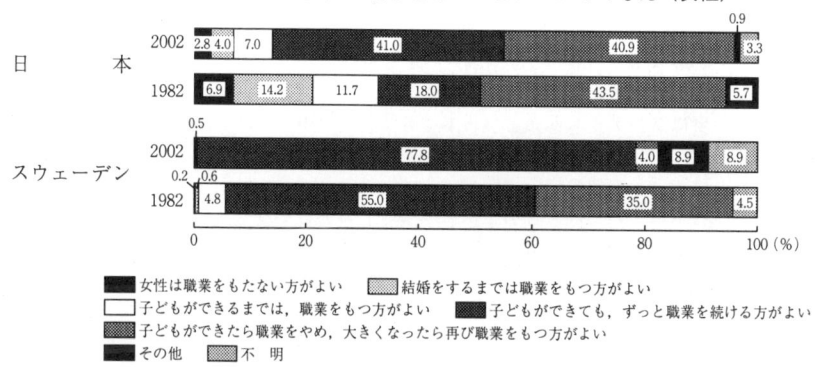

日本
2002：2.8／4.0／7.0／41.0／40.9／0.9／3.3
1982：6.9／14.2／11.7／18.0／43.5／5.7

スウェーデン
2002：0.5／0.2／77.8／4.0／8.9／8.9
1982：0.6／4.8／55.0／35.0／4.5

■ 女性は職業をもたない方がよい　■ 結婚をするまでは職業をもつ方がよい
□ 子どもができるまでは，職業をもつ方がよい　■ 子どもができても，ずっと職業を続ける方がよい
■ 子どもができたら職業をやめ，大きくなったら再び職業をもつ方がよい
■ その他　■ 不明

（出所）内閣府「男女共同参画社会に関する国際比較調査」（平成14年度），「男女共同参画社会に関する世論調査」（平成14年7月）より作成。

図表4－5　育児休業の取得状況

日　本	スウェーデン
●出産した女性労働者の56.4％，男性の0.42％が取得。 ●取得者の男女比は女性97.6％，男性2.4％。	●女性はほぼ完全取得。 ●取得者の男女比は女性約64％，男性約36％。

(出所)　1．日本は，厚生労働省「女性雇用管理基本調査」（平成11年）より作成。5人以上規模事業所の1999年度のデータ。
　　　　2．スウェーデンは「Womon and Men in Sweden-Facts and Figures 2000」より作成。1999年のデータ。

図表4－6　育児期にある夫婦の育児，家事および仕事時間の各国比較

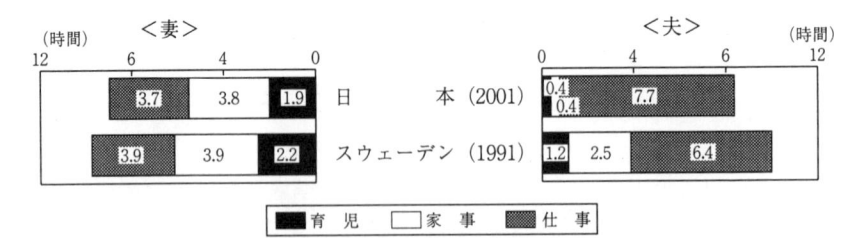

＜妻＞		＜夫＞
育児 3.7／家事 3.8／仕事 1.9	日　本（2001）	育児 0.4／家事 0.4／仕事 7.7
育児 3.9／家事 3.9／仕事 2.2	スウェーデン（1991）	育児 1.2／家事 2.5／仕事 6.4

■育児　□家事　▨仕事

(出所)　1．OECD「Dmployment Outlook」（2001年），総務省「社会生活基本調査」（平成13年）より作成。
　　　　2．5歳未満（日本は6歳未満）の子どものいる夫婦の育児，家事労働および稼動労働時間。
　　　　3．妻はフルタイム就業者（日本は有業者）の値，夫は全体の平均値。
　　　　4．「家事」は，日本以外については「Employment Outlook」（2001年）における「その他の無償労働」。
　　　　5．日本については「社会生活基本調査」における「家事」，「介護・看護」および「買い物」に合計の値であり，日本以外の「仕事」は「Employment Outlook」（2001年）における「稼得労働」の値。

第4章 育児の社会化について　83

図表4－7　男女間賃金格差

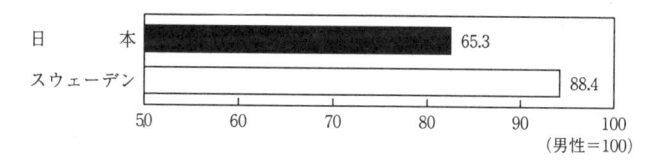

日　本　65.3
スウェーデン　88.4

（男性＝100）

(出所)　1．ILO「Yearbook of Labour Statistics」(2002年)。
　　　　2．男女間賃金格差は，男性賃金を100とした場合の女性賃金の値。
　　　　3．賃金は常用一般労働者の決まって支給する現金給与額および賞与額（時間，日，週または月当たり比較）。
　　　　4．アメリカは1999年，その他の国は2001年のデータ。
　　　　5．労働者の範囲は，必ずしも統一されていない。

図表4－8　3歳未満の子の保育サービス利用と女性の労働力率

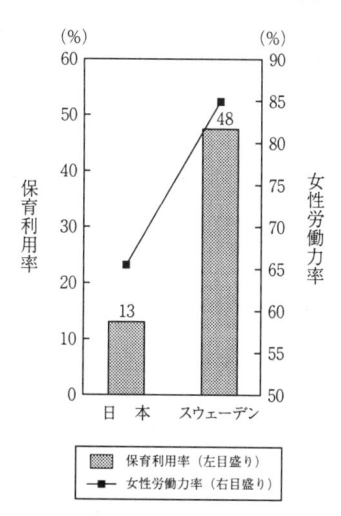

日本：保育利用率 13、女性労働力率 約65
スウェーデン：保育利用率 48、女性労働力率 85

保育利用率（左目盛り）
女性労働力率（右目盛り）

(出所)　1．育児利用率はOECD「Dmployment Outlook」(2001年) より作成。
　　　　2．女性労働力率はILO「Yearbook of Labour Statistics」(2002年) より作成。
　　　　3．女性労働力率は25～49歳女性についての値。
　　　　4．「保育利用率」は，3歳未満人口に対する保育サービス利用児童の割合。

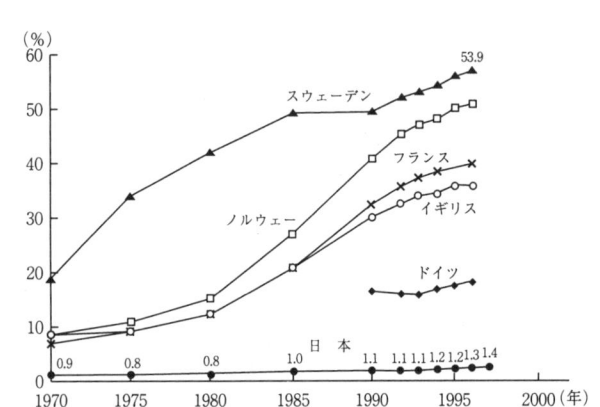

図表4-9　国別婚外子の割合の推移

（出所）Council of Europe "Recent Demographic Developments in Europe 1997".
日本は，厚生省「人口動態統計」。

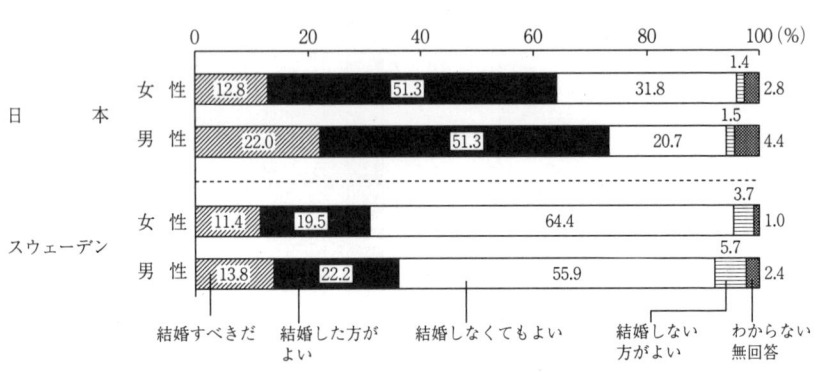

図表4-10　国別男女別結婚についての考え

		結婚すべきだ	結婚した方がよい	結婚しなくてもよい	結婚しない方がよい	わからない無回答
日本	女性	12.8	51.3	31.8	1.4	2.8
日本	男性	22.0	51.3	20.7	1.5	4.4
スウェーデン	女性	11.4	19.5	64.4	3.7	1.0
スウェーデン	男性	13.8	22.2	55.9	5.7	2.4

（出所）総務庁「第6回世界青年意識調査」（平成10年）により作成。

　以上のようなデータを比較してみると，ジェンダー先進国のスウェーデンと日本社会の現状に差があることが端的に理解できる。日本の現状は，普遍的なものではなく，「ジェンダー先進国」ではない社会の現状を表すものとなっているようだ。注意したいのは，日本とスウェーデンの差は，日本国とスウェー

デン国の差なのではなく，ジェンダー先進国と非ジェンダー先進国（＝ジェンダー発展途上国）の差を示すものだということである。

4－4　子育てに関するさまざまな神話

　4－3でみてきたことから判断すると，「子育ては母のもの」という命題は，日本社会の現状の「一般常識」ではあっても，ジェンダー先進国スウェーデンでは，「一般常識」ではないようである（確かにスウェーデンでも，「子どもができたら職業をやめ，大きくなったら再び職業をもつ方がよい」と答える女性が4％はいる。しかし4％にしかすぎないのだ）。スウェーデンでは，育児休業の取得は，日本社会のように女性の独占状態（98%）ではなく，男性も男女比1対2で，取得しているのであり，育児時間も（1991年で）妻の2.2時間に対して夫も1.2時間かけており，妻の約半分の時間となっている（日本社会での育児時間は，2001年で，妻の1.9時間に対して夫の0.4時間であり，妻の1／5にすぎないのだ）。日本社会の現状を「子育ては母親のもの」とするならば，スウェーデンでは，「子育ては母のもの」という命題は成立していないであろう。図表4－4をみるならば，日本社会の（「女性が職業をもつことについての考え」の）現状は，ちょうど20年前のスウェーデンの状態に似ているといえるのではないだろうか。スウェーデンは，20年前には現状の日本社会のような状態であり，「子育ては母親」という考えも支持されていただろうが，20年後の現在では，日本社会の現状とは異なり，ジェンダー先進国の一員として社会を運営しているのだ。「子育ては母親」という命題も，普遍的常識ではなく，時代と共に，社会の条件の変化と共に変化していくものであるようだ。「子育ては母」という命題は，どのような社会条件で成り立っているものなのか，ジェンダー先進国では，では「子育ては誰のもの」なのだろうか。このことを以下で考察してみることにする。

(1) 性別役割分担的家族の成立

　「子育ては母親のもの」という命題を支えている考えの1つに，固定的な性

別役割分担意識的な「家族」観が存在している。固定的性別役割分担意識とは，「夫は外で働き，妻は家庭を守るべきである」という意識のことである。こうした性別役割分担意識的「家族」とは，現在の家族研究では，普遍的な家族観ではなく，近代社会において成立した「近代家族」の理念的特徴であることが分かっている。「近代家族」の特徴は，公私領域の分離・愛情家族・子供中心と共に性別分業のある核家族である，などといわれている。性別役割分業意識的家族観は，普遍的なものではなく，近代社会の「近代家族」の特徴の典型の1つなのである。特に近代の「産業社会」に親和的な関連があるのが，「近代家族」となっている。性別役割意識は，近代家族の成立と親和的関係があり，近代家族の成立は近代の産業社会の展開と親和的関係があるのである。したがって性別役割分業意識は，普遍的なものではなく，近代の産業社会の成立と親和的関係があるのだ（ということは，近代の産業社会の変容と共に，性別役割分業意識も変容することになるのである）。

(2) 近代家族の家族成員の誕生

「近代家族」が普遍的なものではなく，近代社会の成立と親和的関係があるのならば，「近代家族」の成員とみなされている人びと（父親・母親・子ども）についての考え方も実のところ近代社会の成立と親和的関係があると思われる。つまり，「父親」「母親」「子ども」も普遍的なカテゴリーではなく，近代社会の成立と共に誕生した考え方であると思われるのである。近代家族の成員は，普遍的なものではなく，近代的な「父親」観・「母親」観・「子ども」観を普遍的なものだと誤解している可能性が大きいことになるのだ。このことを示す社会科学的研究成果が最近現れている。

「子ども」の誕生。フランスの歴史学者 P.アリエスによれば，フランスにおいて子どもを「子ども」として扱うようになったのは，17世紀以降のことなのである。「子ども」らしい特別な服装が現れるのが17世紀以後のことである。中世までは「子ども」や「子ども期」を現在のように特別な存在として把握することがあまりなかったらしい。それまでは子どもは「小さな大人」とし

て扱われていたのだ。「子ども」は，可愛いとか，愛すべき存在だとか，純真だとか，発達すべきものという「子ども」観は，近代社会のもののようなのである。

　「母性」の誕生。現代の多くの人は，女性の我が子に対する「母性愛」が女性の先天的な本能であるかのように思っている。しかしフランスの社会学者のE.バダンテールによれば，女性の子どもに対する愛情が女性の本質的な性質であるという考え方が登場したのは18世紀になってからのことである。実は母親（実母）が自分の子どもを育てる（子育てをする）ということ自体が，非常に新しい現象なのである。子育ては，母親のものではなく，地域共同体の全体で関与していたようなのである。たとえば18世紀以前のパリでは実母によって育てられた新生児は5％にも満たなかったそうである。貴族階級の子どもは乳母に育てられていたし，平民の子どもは養子や里子あるいは捨て子にされることが多かったのだ。近代の産業社会が発達してくる18世紀の中頃になると，「近代家族」の誕生があり，性別役割分業の固定化が始まったのである。男性の賃労働化，女性の家庭化が始まったのだ。「主婦の誕生」と共に，子育てを専業とする女性が誕生してくることになる。こうした女性たちは，「母性愛」を本能化することによって，自己のアイデンティティの確立を正当化していったのである。女性の「母性本能」観は近代産業社会の中で誕生したのだ。

　「家父」の誕生。同様に，男性はすべて一家の柱（世帯主）になるという家父長制的「父親」観が登場してくるのも，「近代家族」の誕生以降のことである。支配階級の一部が家父長制的「父親」観を有していたのは歴史上事実であろうが，国民の男性すべてが「家父」になるべきという考えが現れるのは，近代社会の成立以降のことなのである。つまり，18世紀以降のことである。私たちの知っている「父親」像（一家の主）も非常に新しい観念なのである。

(3) さまざまな子育て神話の発生

　このような近代の「産業社会」の下における「近代家族」の一成員としての「母親」観が一般化されるところでは，ある種の「母親」像が唯一本質的な

「母親」像として形成されるようである。このような「母親」像では，近代の核家族における母子関係を大前提とした「母親」観が自明視されてくるのだ。そして特に20世紀も後半の時代になると，さまざまな「子育て神話」が発生し，人口に膾炙することになる。いわく，「三歳児神話」「母性神話」「良妻賢母神話」「グッドマザー神話」などの「神話」が真実味をもって流通するのである。

「三歳児神話」とは，子どもは3歳までは実の母親の手で正しく育てないと，あとで取り返しのつかないことになるという意味の神話である。取り返しのつかないこととは，精神（IQ）発達が遅れる，性格がゆがむ，心にトラウマが残る，大人になって犯罪者になる，というようなことである。この「神話」の出所は，第二次世界大戦後の国連が依頼した英国人精神医学者のJ.ボウルビィの1950年の報告者であるようだ。そこで彼は，「母性剥奪」（maternal deprivation）（乳幼児期に母親の世話や愛情が受けられないこと）が子どもの全生涯に悪影響を及ぼすという「母子関係論」を提唱したのだ（彼はこの説を「愛着理論」としてまとめたが，後には一般性がないと自説を修正しているのだが）。この説が，ボウルビィの手を離れて，「子どもの世話は，24時間，ただ1人の人間（＝専業主婦の母親）によってなされることが最良である」と解釈（誤解）され，「三歳児神話」となっていったのだ。そして日本社会でこの説を最も支持したが，1960年代の厚生省（児童局）であり，NHK（の幼児教育番組）だったのである。

日本社会では1960年代の高度経済成長期に，「近代家族」における「母親」役割が強調された。母親役割は，女性の性役割の中で最も重要なものと見なされ，母子関係における母性イデオロギーが力をもったのだ。母性は，社会過程の中にあるものというよりも，「母性本能」だと表象され，近代産業社会の性別役割分業を前提に，子育ては母親の役割だとされたのである。女性の役割は母親になることであり，母親は母性本能によって，子育てをするものとなってしまった。これが，1980年代から90年代までをも貫く「常識」となったのである。

この他，「子育て神話」は，戦前からの「良妻賢母」イデオロギーを土台と

して，あるいは「グレートマザー」(太母原型) (母なるもの) のイメージと絡んで，あるいは高度成長期の「近代家族」幻想と相まって，さまざまな「母」幻想として展開することになる。「グッドマザー」「テリブル・マザー」『バッド・マザーの神話』によって実際の「母親」は翻弄されるのだ。女性はすぐに「母親」失格となり，不安感をもち，母性不全を悩むようになったのである。これが今現在の「近代家族」を前提とした日本社会の「母親」の現状となっているのだ。

4－5　おわりに－子育ての社会化へ－

ジェンダー先進国は，このような「子育ては母」というイデオロギーにどのように対処してきたのだろうか。一言でいうならば，近代の「産業社会」の「近代家族」の神話を，脱神話化することによって，女性を「母親」の役割から脱臼してきたのであろう。子育てを「母親」1人の役割とするのでなく，子どもをとりまくさまざまな人間関係の中に位置づけることによって，子育てを社会化する方向性を取ったのである。これが「子育ては母親」という命題が成り立たない社会条件となっているのだ。「子育ての神話」を脱神話化するとは，ジェンダー先進国になることにおいて実践していることである。つまり子育ての問題とは，単に「女性」「母親」問題なのではないことをアンラーンするという問題なのである。

スウェーデンは，ジェンダー先進国であり，第3節でみてきたような国家であるが，社会が男女平等かという質問に対して，(「非常に」と「やや」を足して)「男性の方が優遇」と答える人が，72.5％もいるのだ。「男女平等」と答える人が18.6％である。これは数値としては日本社会の回答と大差がないのだ。スウェーデンは，「男女平等」に関して「まともに」敏感なのである[5]。

「今後，男女が社会で平等になるために最も重要なこと」として，スウェーデン女性は，「固定的な社会通念を改める」を34.0％が選択しており，次に15.5％が「法律上で女性差別を改める」を，15.2％が「女性支援の政策を充

実」を選択している。その次に13.1％が「女性自身が力の向上を図る」を選んでいる。これに対して，日本女性は，「女性自身が力の向上を図る」を最も多く28.3％が選択し，次に26.8％が「固定的な社会通念を改める」を，18.6％が「女性支援の政策を充実」を選んでいるのだ。「社会通念」が両国とも上位に選ばれているが，日本女性ではトップが「自身の力の向上」であるが，スウェーデン女性では次に「法律」「政策」なのである。ここに日本社会が，「ジェンダー先進国」でない（になれない）端的な要因が見え隠れしているようである。「ジェンダー先進国」では，「法律」「政策」の改正のうえで「社会通念」を問題にしているのに対して，日本社会は「自力」に頼ることになってしまうのである。日本社会が「ジェンダー先進国」になるためには，「法律」「政策」の改正に，「社会通念」と共に，力点を置かざるを得ないのである[6]。

　子育てに関しても，「社会通念」と共に，「法律」「政策」の改正が是非必要なのである。子育てに関する「社会通念」を改めると共に，子育てに関する社会制度（法律，政策）を改める必要があるのだ。近代の「産業社会」の「近代家族」がもたらす「子育て」に関する思いこみを，ポスト「産業社会」の脱「近代家族」の子育て（子育ての社会化の方向）に変えていかざるを得ないのである。逆にいえば子育ての社会制度を変更する（育児の社会化を実行する）ことがなければ，日本社会はジェンダー先進国になり得ないのである。ジェンダー先進国では，子育ては社会のものになりつつあるのだ。

【注】

(1) 本稿は，茅ヶ崎市教育委員会生涯学習部生涯学習課主催の社会教育講座において，2003年3月12日（水）の10時〜12時に茅ヶ崎市役所分庁舎5階AB会議室で講演した「子育てはだれのもの―思いこみを脱ぎすてる―」（家族・家庭・子育てのあり方を考えましょう）に基づくものである。
(2) たとえばSpivak (p.295)，スピヴァク (p.74)。
(3) 現実にも，1998年で3歳未満の子どもをもつ母親の3／4は専業主婦となっている。
(4) 図表4－1は『平成15年版男女共同参画白書』の第1－序―1表（p.1）より作成。

第 4 章　育児の社会化について　●———91

以下，図表 4 − 2 は第 1 −序— 22 図（p.23），図表 4 − 3 は第 1 −序— 20 図（p.21），図表 4 − 4 は第 1 −序— 28 図（p.27），図表 4 − 5 は第 1 −序— 35 表（p.33），図表 4 − 6 は第 1 −序— 41 図（p.37），図表 4 − 7 は第 1 −序— 23 図（p.24），図表 4 − 8 は第 1 −序— 36 図（p.34），より作成。

(5)　『平成 15 年版男女共同参画白書』の第 1 −序— 3 図（p.8）を参照。
(6)　『平成 15 年版男女共同参画白書』の第 1 −序— 4 図（p.8）を参照。

【参考文献】

(1)　P. アリエス（杉山光信訳）『＜子供＞の誕生—アンシャン・レジーム期の子供と家族生活—』みすず書房，1980 年。
(2)　A. オークレー（岡島茅花訳）『主婦の誕生』三省堂，1986 年。
(3)　大日向雅美『母性愛神話とのたたかい』草土文化，2002 年。
(4)　国連開発計画（横田洋三・秋月弘子日本語監修）『UNDP 人間開発報告書（2002）ガバナンスと人間開発』国際協力出版会（古今書院），2002 年。
(5)　国連開発計画（UNDP）『人間開発報告書 2003—ミレニアム開発目標（MDGs）と人間開発—』国際協力出版会，2003 年。
(6)　J. スウィガート（斉藤学監訳）『バッド・マザーの神話』誠信書房，1995 年。
(7)　Spivak, Gayatri Chakravorty. 'Can the Subaltern Speak ?' Marxism and the Interpretation of Culture. Eds. Cary Nelson & Lawrence Grossberg. Urbana: U of Illinois P, 1988. 271-313.（ガヤトリ・C・スピヴァク『サバルタンは語ることができるか』上村忠男訳，みすず書房，1998 年）
(8)　武田信子『社会で子どもを育てる—子育て支援都市トロントの発想—』平凡社新書，2002 年。
(9)　N. チョドロウ（大塚光子・大内管子訳）『母親業の再生産—性差別の心理・社会的基盤—』新曜社，1981 年。
(10)　内閣府編『（平成 15 年版）男女共同参画白書』国立印刷局，2003 年。
(11)　E. バダンテール（鈴木晶訳）『母性という神話』筑摩書房，1991 年（ちくま学芸文庫，1998 年）。
(12)　広岡守穂編『ここが違うよ，日本の子育て』学陽書房，2002 年。
(13)　J. ボウルビィ（黒田実郎訳）『乳幼児の精神衛生』岩崎学術出版社，1967 年。
(14)　J. リッチハリス（石田理恵訳）『子育ての大誤解—子どもの性格を決定するものは何か—』早川書房，2000 年。

第Ⅱ部
「性別」問題

第5章
先進技術社会の科学社会学的検討
― ＜インターセックス＞を考える：本質主義から構築主義へ ―

5-1 「性」のことを考える

　「性」あるいは「性別」ということについて，いま現在，何が起こっているのかを，主に医学領域，医療領域などの知見を踏まえて，社会学的な観点からみたときにどのようなことがいえるのかということを，考えていきたい。
　まず，前半では，性という問題あるいは性という現象をとらえるときに，基本的にどういうふうに性というものを考えたらいいのかということを，人文社会科学的な見地から昨今行われている議論を紹介する。「性」という言葉を聞いただけではいったい何を意味するか，日本語ではよくわからない。「性」あるいは「性別」といってもいろいろな意味が込められている。なぜそうなってしまっているのかも含めて，前半では，「性」ということに関するいろいろな概念の整理をする。
　後半では，昨今医療領域においてトピックになっている「インターセックス」という現象をテーマとして，性のことを少し考えてみたい。このことを踏まえて，「性」ということに関して，我々は今までどういう人間観を前提にしてきたのだろうかということを考え直してみたい。

5-2 「性」の本質主義から構築主義へ

　前半部分のテーマは「性別」とか「性」とういことであるが，実は「性」あるいは「性別」について考える，といったときに人文社会科学においては，この20年くらいの間に，つまり1980年代以降に，ある考え方・アプローチの仕

方の特徴が現れてきた。その大枠だけを紹介する。

それまでの人たちとは違って，こういう人文社会科学系の人たちは，これまで「性」についてどういうアプローチがなされてきたのか，ということを考えた。それを一言でいうと，従来の性についてのアプローチの仕方は，「本質主義」という言葉でまとめられるものだということである。これは英語ではessentialismという。本質主義とはどういう性の考え方であったかというと，「性にはなにか本質がある」というのが，一番の共通項としてくくれる意味内容である。「性」について研究するとは，この本質を一所懸命に追求することだという考え方である。近代科学が発達して，19世紀の後半から20世紀の初頭にかけて，いろいろな人たち，科学者たち，あるいは哲学者たち，文学者たちが，いろいろな形で「性」について考えていた。何を本質にするかは論者によって違うわけで，いろいろな本質の立て方をして「本質」を追求した。

性の本質ということに関していちばん考えた科学者は，実は生物学者である。生物学者であるから，たとえば人間というものを扱うときに人間の身体を一所懸命に探究して，それをどんどん細かく分けていった。そしてなぜ人間に性というものがあるかという問題に関して，何かわからないけれども「本能」があるのだ，という結論に自然と達するような雰囲気が生物学にはあった。その本能をより細かくみたときに，たとえば性を決定するものとして生物学者たちが見出したのは，「遺伝子」というものである。遺伝子によって性が決定されているという見方である。その他，たとえば性ホルモンというものがあり，性ホルモンによって人間の性は決まっている，というような考え方もある。

同時に，別の科学者たち，たとえば心理学者も20世紀になって，性についていろいろと探究し始めた。心理学者も基本的にこの本質主義という考え方で性について探究していた。では，心理学者は何を見出したかというと，たとえば一番有名な心理学である精神分析では，無意識というのを発見した。人間には無意識というものが本質的にある。そこには性衝動，「イド」といわれるものが，性本能としてある。精神分析はそういった無意識という本質を立てて，そこに性の本質があるというふうに考えた。他の心理学者も，無意識まで立て

なくても，人間の「個人」の意識を想定して，その中にパーソナリティ，人格というものをみんながもっている，そしてその人格の最も中核に内面というものがあり，その内面の最も中心に性的なものがある，というような感じでそこに本質を見出していた。

20世紀の学問の王道では，何か物事の本質を知る，何か現象があったときに，ただ単なる現象ではなく，その背後にある本質を知る，これが学問だ，というような空気ができあがっているから，その枠組みの中で考えると，本質主義というのは，それ自体間違っているものではなくて，多くの科学者がもっている1つの常識的な科学観である。しかし，70年代くらいになってくると，「どうも違うんじゃないか」という雰囲気が人文社会科学の中に出てきた。これはいろいろな学問の動きの中で行われているもので，科学論とか哲学論あるいは社会科学論の中で出てきた1つの考え方であるが，性についても，どうも今までの本質主義ではない形で性をとらえないと，実は性現象それ自体がとらえられないのではないか，というような発想をする人たちが増えてきたわけである。こういった人たちは，本質主義ではなく，構築主義あるいは構成主義，英語ではconstructivismと名づけられるような考え方をしている。

両者はどこが一番違うかというと，性というものは実は本質を立てて探究するものではなく，それ自体が何かによって作られたものだと考えたことである。日本語にすると「構築」という，何かよくわからない言葉になってしまうが，英語のconstructionというのは何かを作りだすということである。構築主義は何をいいたいかというと，性というのは，何かわからないけれども作りだされたもの，それを難しく構築された，構成されたといういい方をしているということだ。性とは実は本質的にあるものではなくて，何らかの形で作りだされたものだといっているのである。

構築主義者は，性は歴史的に作られたもの，社会的に作られたもの，あるいは文化的に作られたもの，とりわけ重要なのは，少し難しい用語であるけれども，言説的に作られたもの，何かわからないけれども言葉を媒介にして作られたもの，というふうな考え方をするわけである。だから，性というものの本質

を追求するのではなく，性はどのように，歴史的に，社会的に，文化的に，あるいは言説的に作られたものなのかを探究するのである。ここにいろいろな社会学的な要因がいっぱい入ってくるわけである。歴史的要因，あるいは社会構造的要因，あるいは文化的要因，それからもっと進むと政治的要因，あるいは権力的な要因などがからまっている。これらの現象が性ではないかという発想をしていくわけである。80年代以降，人文社会科学という分野で，性についてアプローチするときの一番の大きな流れは，本質主義から構築主義への流れというものなのである。

5-3 日本語の「性」＝本質

これを踏まえて，われわれ日本語を話している日本人は，性についてなかなか構築主義に行けないといった仕組みがあるということを，少し述べたい。日本語で考えている限り，性についてなかなか構築主義に行けない，つまり本質主義に戻ってしまう。性について考えるときに，本質主義的な磁場が非常に強くかかっている言葉，それが日本語だということを例示したいと思う。

日本語はどういうわけか性ということを表すのに漢字を使っています。「性」という漢字がどういう意味で使われているのかを調べると，「性」という言葉はまさに歴史的な産物だということがわかる。われわれはいま現在，現代人として，「性」という漢字をみると，何か変な感覚をもってしまうようになっている。何かわからないけれども，何かエッチなこと，いやらしいこと，そういう感覚をもつわけである。実はもともとの漢字の「性」自体には，そういう意味はまったくないのである。

「性」という漢字は，2つの意味を合体して1つの字にした会意という作り方でできている。つまり，漢字それ自体はどういう意味かというと，リッシンベンの意味は「心」で，ツクリの生は「生まれる」という意味である。この2つの意味を合体して1つの漢字にした，これが「性」という漢字である。したがって「性」それ自体の意味は，「心」と「生まれる」の合字であるから，意

味としては「生まれつきの心」というようなことである。「生まれつきの心」とは何かというと，いってみれば「天性」といったようなものである。「性」というこのは，こういった「天から与えられた性質」，「生まれながらにもっている本性」「本質」という意味である。これはちょっと不思議なことである。

では，現在われわれが「性」という漢字に込めてしまう意味がいつごろ出てきたのかというと，これは翻訳語として「性」が使われだした以降のことである。明治に，日本が西欧列強の圧力の下で開国をし，近代の日本国を立ち上げるときに，いろいろな言葉，学問の用語，日常語などを，欧米から輸入した。その中に，1つの輸入語として，欧米で使われている言葉の翻訳語として，この「性」という漢字が使われたのである。向こうのどういう言葉を「性」という言葉に当てはめたかというと，英語を考えると，sexの翻訳語として使ったという経過があるわけである。これは明治の中期以降である。だから，江戸時代の人が「性」という言葉をいっても，何もエッチなことは想像しない，あるいは男女のことは直接には想像しないのである。

その当時の英語圏におけるsexとはどういう意味で使われていたかというと，大きく2通りの意味合いがあった。1つは，生物，動物の生理的心理的な特質あるいは機能に基づく雌雄や男女の区別，いわゆる「性別」である。もう1つ別の意味が19世紀の後半から20世紀になったとき出てきた。それは，男女の区別，性別から起こる生殖本能の働き，あるいは生殖や性欲といったものに関する本能の活動という，いま日本語のカタカナで「セックス」と書く用法に見合った意味内容，これが20世紀の初頭に英語圏のsexという意味に込められている。

ここでまとめると，「性」の意味というのは，日本語で考えている限り，普通の日常語で暮らしている限り，社会科学・人文科学を学ばない限り，なかなか構築主義的な発想ができない，という仕組みになっている，これが日本語のメカニズムなわけである。どのような形で「性」について考えてしまうかというと，ありていにいうならば，「性」というのはまず，生命生産あるいは有性生殖のことというふうにとらえていく。それから「性」は，先天的な自然の本

能，本性的な，本質的な，本来的なものであるというふうにとらえていく。それを総称して「性」は，「生命の生得的な本質」としてまさに本質主義的にとらえられている，というのが日本語で考えられている「性」のことになっている。

「性」を本質主義的に考えると，sexというのは本来のものだということになる。自分は本来のことを知っている，それは生命にかかわることだ，あるいは生殖にかかわることだ，というふうに理解する。本当の「性」を知っている，本質的な「性」を知っている，それから，正当な「性」を知っている，正しい「性」を知っている…というふうに発想していく。さらにその反対概念を排除する。つまり，本来の性を知っている，すなわち不自然な性はいけないと知っていることになる。ゆえに淫らな性を排除する，というような形で，性を考える。これが，日本語で考えている「性」のとらえ方の大枠なわけである。これを総称して，本質主義といっている。

日本語で考えている限り，多くの人はこの本質主義の中でぐるぐる回って，性について考えるというふうになっている。こういった考え方ではない考え方が，構築主義なわけである。そういったものがどう作られたのか，社会的に，あるいは歴史的に文化的にどう作られたのか，それを1つずつ丁寧にみていこうとするのが構築主義である。いまいったように「性」という言葉，「性」という漢字の意味には，歴史があるのだというのが，構築主義的な発想の一例なわけである。

「性」というのは，本質的なものではなくて，日本ならば明治以降の100年の歴史を経て，漢字の意味が変遷してきて，いま現在の「性」があるわけである。だから100年以前と，以後では全然違うというような発想ができる，これが構築主義的な発想のアプローチの1つである。これを踏まえて，本質主義的ではない考え方をする構築主義的な発想をとること，これが人文社会科学で一番重要な，1980年以降の流れなわけである。「性」はいかに，歴史と関係しているか，社会と関係しているか，文化と関係しているか，言葉のあり方と関係しているか，ということとともに考えていく。いわゆる本質主義ではない形で

アプローチしていくという考え方をするというのが，構築主義の発想である。

5－4　体の本質主義 ─ 男女二分法 ─ を問う

　後半では，基本的には本質主義である性別観，つまり身体の違い，あるいは生殖器の違いによって性別が区別できるという発想，これは本当にそうなんだろうかということを，メインテーマとしたいと思う。

　有性生殖主義的に生殖器をみるとき，基本的に男女二分法が大前提として考えられている。これが生物学的な本質主義の特徴なわけである。生殖器あるいは身体を媒介にして，結果として個体は，男と女，2つに分けることができる，という発想が大前提になっている。それはなぜそうなるかというと「体をみればそうでしょ」という，トートロジカルな答えが返ってくるのである。体というのは，男と女に分かれているものである。とりわけ，生殖器は，男と女に分かれているものだ，というふうに答える。それを生殖器という言葉でいわないで，ただペニスがあるとかないとかいわれる。あるいは子宮があるとかないとかである。そんなありふれた理由で大体考えて，自分はそれがあるから男なんだ，自分はそれがないから女なんだ，ペニスがないから女なんだ，これが典型的な男女二分法の考え方である。

　世の中にはペニスがないものはいっぱいあるわけである。即それが女にはならないのに，すぐわれわれは女というふうに考える。逆もそうである。子宮がないものはいっぱいあるわけである。でも即それが男になってしまう。われわれが考えるときに，この男女二分法を使っているからである。必ず，男女二分法が前提になっている。だから，性別というのは，男と女，この区別だというふうな考え方，これを当然のようにもつ。それは体をみれば，生殖器をみれば，わかるというふうに。後半では本当にそうなのかということを述べる。

　体というものについてわれわれは，ある意味で非常に誤解をしている。この男女二分法はなぜ強いかというと，これはわれわれの知識のあり方に関係しているからである。われわれはいろいろなところから知識を得ているけれども，

実は，この背後にわれわれは，通俗的な一般知識をもっているのである。たとえば通俗医学は，本当の医学ではなく，われわれが勝手に思っている医学の考え方である。昨今マスメディアが発達しているから，雑誌とかテレビなんかをみると医学的知識をいってくれる人がいる，それを聞いてわれわれは理解をするというふうになっていて，医学ではなく通俗医学をわれわれは知っているわけである。そこに前提になっているのが男女二分法なわけである。だから，男女二分法というのは，われわれの，普通の，通俗的な科学観，医学観にバックアップされている非常に強固な考え方である。その強さは大変なものである。それを少し崩してみたいと思う。

実は通俗でない医学，科学とりわけ生物学が依拠している大きな枠組みは，この男女二分法とは違う生物学的な多様性なのである。生物学的な多様性，これが実は生物学が発見した一番大きなテーマである。いま現在の生物学では，どうも生物というのは男女二分法ではないのではないか，性別的な現象というのはありとあらゆる多様性を排除していないのではないか，ということが徐々にわかってきたのである。いま現在わかっている生物学的知識として考えるならば，生物がもっている一番重要な事実は，多様性だということである。つまり，性別に関連していうと，性というのは男女2つの二分法でとらえられるものではなく，ある意味では連続したもの，多様性をもって成立している。これが，実は生物のメカニズムなのである。これを，特に人間の性別，性の分化ということを例にして述べたいと思う。

5-5 性の分化のメカニズム

人間の性別といったものをもつときに，生物的な事実として，赤ちゃんが生まれる前の段階，つまり母親のお腹の中にいる胎児の段階において何が起こっているかということを，いろいろな医学，生物学者たちは発見してきた。以下では性の分化，性が男か女かに分かれるという過程において，生物学者が発見したことを紹介する。

発生のレベルで胎児が生まれてくる前に何が起こっているかということを研究した結果，まず，性別というのは1つのレベルではない，何種類もあるということがわかったのである。配偶子のレベル，性染色体のレベル，性腺のレベル，性ホルモンのレベル，内性器のレベル，外性器のレベル，大脳のレベル，これだけの7つの種類がある。もう1つわかったことがある。胎児が，男と女に分かれてくるときの分かれ方には，ある法則があるということである。それを非常に簡単にいうと，「アダム原則」という名前で呼ぶことができるのである。胎児は育つ過程で，最初は男と女の区別のない状態で生存する。最初から男の胎児，女の胎児ではなく，胎児は最初はどちらにもなれる両能性の細胞器官をまず作ってしまう。その次の段階で，ある指令がその細胞器官にかかる。ある指令とは，男性化せよという指令である。この指令がかかると，その両能性の細胞器官は男性器官になっていく。もしそのときに，男性化の指令がかからないと，そのまま発達していって女性形になる，というメカニズムがあるということがわかったのである。

　まずは両能の基本形の（原基）細胞器官は，（胎児は母体の中にいるので）女性形に限りなく近く作ってあるということがわかった。その基本形，（原基）細胞器官をまず作っておいて，その後で，男性化という力がかかると，それが男性形になっていく。それがかからないとそのまま発達していって女性形になっていく。これを性の分化のあらゆるレベルで，やっているということがわかったのである（図表5－1参照）。

　0番から6番までそれぞれの段階ごとに男性化の力がかかっているわけである。1回男性化の力がかかるとそれで終わりというわけではないのである。たとえば0番から1番について，男性化がかかると性染色体はＸＹになるわけであるが，その後も全部男性化するというのは違うのである。1回1回，判断しているのである。1番から2番にかけて男性化すると性腺は精巣になる。ところが，1番から2番に，1番が男性化したＸＹなのに，2番のときに男性化がかからないという可能性はあるわけである。生物学的事実の中心は，先ほどいったように，多様性なのである。だから，あらゆることを排除しないのである。

図表5－1　性分化の諸段階

⓪ 配　偶　子（生殖細胞）	［精子／卵子］
① 性染色体	男性化［XY／XX］
② 性　　腺（生殖腺）	男性化［精巣／卵巣］
③ 性ホルモン	男性化［アンドロゲン／エストロゲン］
④ 内　性　器（内部性殖器）	男性化［ウォルフ管／ミューラー管］
⑤ 外　性　器（外部性殖器）（外陰部）	男性化［男根（陰茎）／女陰（陰唇）］
⑥ 大　　脳	男性化［男脳／女脳］

　ここにおいて，1番から2番において，男性化になるだけというのではなくて，男性化をしないという逆の可能性も，性の分化には含まれているのである。つまり，性染色体はＸＹだが，性腺は卵巣をもっているという可能性を排除しないのである。6つの性の分化のレベルのすべてにおいて，ＸＹ，精巣，男性ホルモン優位，ウォルフ管，男根，男脳となるのが，ある意味では，典型的なのであるが，典型的だけではない生物の個体がいるというのが生物的な多様性の事実なのである。

5－6　半陰陽の生物学的可能性

　われわれがいま生きている中で，われわれは男か女しかいないと思っているけれども，この性の分化の逆転している人が，小説や映画，マンガ，神話などの物語の世界だけでなく，現にいるのである。今まではほとんど無視されていたけれども，そういう人たちが実際に声を出し始めた。こういった人たちを，英語では「インターセックス（intersex）」といっている。それを直訳すると「間性」。日本語では「半陰陽」「半陰半陽」「ふたなり」「両性具有」。英語の表現ではハーマフロダイト（hermaphrodite）とか，アンドロジニー（androgyny）ともいわれているものである。大別すると，「真性半陰陽」と「仮性半陰陽」がある。

　先ほどいったように生物学がみつけた事実は，すべての多様性である。だか

らたとえば，性染色体が2つである必然はないのである。ありとあらゆる可能性がある。つまり，1つでもいいし，2つでもいい，3つでもいい。確かに数は2つ（XX，XY）が圧倒的に多いけれども，多様性を維持するために，1つの人もいるわけである。人間は性染色体を「典型的には」2つもっているのである。ところが，性染色体が1つの人，3つもっている人もいる。それから後は4つでも，5つでも，6つでも，可能性はずっとあるわけである。

　代表的な例が，XO（エックスオー）という，1つしかない性染色体である。これを医者が発見して，彼にちなんで病気の名前もつけて「ターナー症候群」といわれている。性染色体がX1個しかないのである。可能性としてはYOというのもあるのだが，残念ながら，生物体としてはか必ずXが1つ最低限ないと生きられないという事実がある。Yだけだと生きられない。必ずXは最低限1つ必要だという事実があり，XOはいるけれどもYOはいないそうである。

　それから，性染色体は2つが多数で，それから3つのケースもある。3つの可能性としてはXXX，XXY，それからXYYである。先ほどもいったようにYYYは，これはXがないから生存不可能というわけで実際には出てこない。生存可能なのはこの3つだそうです。そのうちで有名なのが2番目のXXY，クラインフェルターという医者が発見したので「クラインフェルター症候群」という名前がついている。それから後，4つ，5つと，数はだんだん少なくなっていくが可能性としてはあるわけである。こういった形で，医者は病気・異常として治療の対象にしてしまうのだが，生物的な事実としては多様性だから，こういうのは現実にあるということである。

　別のレベルの半陰陽は，性染色体から性腺を決定するときに起こる。性染色体から性腺を決定するのには，TDF（Testis Determining Factor）あるいはSRY（Sex Determining Region of the Y）と呼ばれる精巣決定遺伝子が必要である。Yの性染色体にこの遺伝子が入っている。このSRYが男性化の作用をして，性腺が男性化をするわけだけれども，たまたま，Yという性染色体をもっているのだけれども，この遺伝子が欠如しているケースがある。XYという性染色体においては男だけれども，このYの中に，次の段階の性腺を男性化する

精巣決定遺伝子がない。それで性腺は女性化してしまうという可能性がある。それから逆に，ＸＸで性染色体のレベルでは女なのに，何らかの理由で，このＸという性染色体の中に精巣決定遺伝子が入り込んでしまう場合もある。そうすると，性腺が男性化しなさいという命令を受けるので，性染色体はＸＸなのに，性腺は男性化をして，男性の性腺（精巣）をもつというふうになる。その他にも性腺が卵巣と精巣の両方をもってしまうというようなケースもある。

また，③の次の段階は，基本的に性ホルモンが男性ホルモン優位というのが男性化の力になって，それが男性内性器や男性外性器を作るのであるが，そこにおいても逆転してしまう現象が起こりうるのだ。1つは「アンドロゲン不応症候群」というものである。確かに精巣があって男性ホルモンが出ているけれども，男性器になる部分が，このアンドロゲンの成分を受けつけない。そうすると，アンドロゲンが男性化をしなさいという命令がかからない。つまり，性器は男性化をしなさいという刺激を受け取らないので，そのまま女性化してしまうという形で，精巣をもっているのに，性器が女性化をする可能性があるわけである。

それから，別のケースとしては，精巣があるときに，典型的には男性ホルモンの中にミューラー管抑制ホルモンがあるのだけれども，それがないという場合には，ミューラー管が発達してしまうのだ。精巣なのに，ミューラー管が発達して，つまり卵管，子宮，膣があるというケースが出てくるわけである。

それから，男性ホルモンは副腎皮質からも出ているのである。このホルモンが過剰に分泌されると，それまでは卵巣をもっている性腺だったのに，それ以降外性器が男性化してしまう。つまり，男性ホルモン優位になるホルモンバランスになってしまうので，性器が男性化をしてしまう。卵巣をもっているのにペニスももってしまうというケースも考えられるのである。

また胎児は，卵巣をもっているけれども，何らかの形で母体に，治療などの目的のためにホルモンの投与がされてしまうと胎児も影響を受けて，男性ホルモンが優位になって，性器が男性化してしまうという形で半陰陽になる可能性もあるのである。

5－7 構築された男女二分法

 われわれは，通俗的な部分で，生物的に性の2形（オスとメス）があるのだということを思っているのだけれども，生物的な事実，つまり多様性というものを踏まえて見直してみると，生物はあらゆる多様性を排除しない。排除しているのは誰かというと，実は人間の側なのである。つまり生物的な事実としては，発生学的には，性分化のグラデーションであって，あらゆる中間形態を排除していない。これが生物学的な事実だし，生物的な多様性の現実なのである。ところが，人間社会は幸か不幸か，とりわけ近代人は，男女二分法を採用しているわけである。とにかく，最初に体をみるときに，もう最初から男女2つしかない，中間形態はない，そういう認識を発達させたというのが近代社会である。近代社会というのは，いろいろなよいこともたくさんあるのだけれども，性別に関しては，基本的には男女二分法を採用し，中間形態をすべて排除してしまったのである。生物的な事実は別に，男女二分法ではなく，性別の多様性・グラデーションなのである。近代社会は，男女二分法を性別の本質として，性別の現実を構築してしまった社会なのである。

 人間というのは男か女どちらか，これが一見当たり前というふうに，今までずっと100年以上思ってきたけれども，そろそろそうではないのではないかと人文社会科学者の一部は考え始めた。人間は男女どちらかに分かれる，これは非常にきつい性別観だということが，これからの21世紀における社会において問われると思う。これから，性別にかかわるいろいろなことが問われる中，これまでは思ってもみなかったことが先進の技術社会ではたくさん現れる。そのときの根本的な考え方としては，これまで男女二分法，人間は男と女しかなく，男で生まれたらずっと男，女で生まれたらずっと女という性別観は違うのではないかということが問われると思う。生物的な事実をみてみると，それは別に男女二分法を採用していない。連続性，多様性，グラデーションとしか生物学的には決まっていないわけである。近代社会が本質として構築してきた性

別の男女二分法という人間観が考え直されるのが，これからの社会だと思う。

【参考文献】

(1) 小田切明徳／橋本秀雄『インターセクシュアル（半陰陽者）の叫び－性のボーダーレス時代に生きる－』かもがわ出版，1997年。
(2) 橋本秀雄『男でも女でもない性－インターセックス（半陰陽）を生きる－』青弓社，1998年。
(3) 橋本秀雄『性のグラデーション－半陰陽児を語る－』青弓社，2000年。
(4) ターナー女性を支える医師の会『ターナー女性』メディカルレヴュー社，1999年。
(5) ミルトン・ダイアモンド／A．カーレン（田草川まゆみ訳）『人間の性とは何か』小学館，1984年。
(6) ミッシェル・フーコー（蓮實重彥訳）「両性具有者と性」（『海』9月号，pp.322-328，中央公論社，1980年）。
(7) ジョン・マネー／P．タッカー（朝山新一ほか訳）『性の署名－問い直される男と女の意味－』人文書院，1979年。
(8) ジョン・コラピント（村井智之訳）『ブレンダと呼ばれた少年』無名舎／マクミランランゲージハウス，2000年。

第6章
なぜ,「性別」が問題となるのか?

6-1 「性別」問題

「性別」(男女) に係わる問題が近年,さまざまな形で,語られるようになった。たとえば,少子化・合計特殊出生率・未婚・離婚・非婚・不倫・恋愛幻想・夫婦別姓・第3号被保険者・配偶者特別控除・DV (ドメスティック・バイオレンス)・次世代育成・育児・介護・仕事と子育ての両立・待機児童・代理出産・生と生殖・男女役割分業・男女共同参画社会・女性差別撤廃・世界女性会議・フェミニズム・反フェミニズム (バックラッシュ)・女性学・男性学・男女雇用機会均等法・女性労働・賃金格差・セクシュアルハラスメント・性暴力・性虐待・レイプ・「慰安婦」・売買春・児童売春・児童ポルノ・児童虐待・人身売買・同性婚・同性パートナー・同性愛・ゲイ・レズビアン・トランスジェンダー・インターセックス・性同一性障害などである。また,学校における家庭科の男女共修化や男女混合名簿,職業呼称の変更 (たとえば看護婦から看護師・看護士へ),鉄道会社の女性専用車両,病院の女性専用外来,入場料のレディースデイの設定,書類への性別記載の廃止,「ジェンダーフリー」論争など,性別男女に関係する変化も目につくようになっている。このように,性別に関する賛否のいかんにかかわらず,さまざまなところで問題が顕在化しているのが昨今の特徴である。

このような現象は,この数年の時代変化として認識可能であるが,実のところ,その背後には20世紀における時代の流れが横たわっているようだ。たとえば,先に挙げた日本の「男女共同参画社会」を理解するためには,最低限,世界の第二次世界大戦後の時代の流れを念頭におかないと,誤解を招くことが多くある。少なくとも以下のような時代的背景を押さえておくことが必要だと

思われる。

男女共同参画社会を理解するための基本的事項

① 国際社会を舞台にしたさまざまな会議・条約の流れ

　国際連合発足（1945年）

　世界人権宣言（国連1948年）

　国際人権規約（1966年国連採択・1976年発効）

第2波フェミニズム（女性解放運動）（1960年代後半〜）

　女子差別撤廃宣言（国連1967年）

　国際婦人年（1975年国連宣言）

　第1回世界女性会議（世界行動計画採択）（1975年メキシコ市）

　「国連婦人の10年」（1975－1985年）（1975年国連決議）

　第2回世界女性会議（女子差別撤廃条約署名）（1980年コペンハーゲン）

　女子差別撤廃条約（1979年国連採択・1980年署名・1981年発効）

　第3回世界女性会議（2000年に向けての将来戦略）（1985年ナイロビ）

　第4回世界女性会議（行動綱領採択）（1995年北京）＜ジェンダーの視点＞

　（女性2000年会議）「国連特別総会2000年会議」（成果文書）（ニューヨーク）

　「北京＋10」（世界女性会議）（2005年）

② 日本国家における①に対応する政策・立法の流れ

　総理府に「婦人問題企画推進本部」設置（1975年）

　（婦人の10年）「国内行動計画」策定（1977年）

　国際人権規約（社会権規約と自由権規約）批准（1979年）

　女子差別撤廃条約署名（1980年）

　国籍法改正（1984年）

　男女雇用機会均等法制定（1985年）

　女子差別撤廃条約批准（1985年）

　「西暦2000年に向けての新国内行動計画」策定（1987年）

　育児休業法施行（1992年）

　総理府「男女共同参画推進本部」設置（1994年）

育児・介護休業法改称（1995年）
男女共同参画審議会「男女共同参画ビジョン」答申（1996年）
男女共同参画推進本部「男女共同参画2000年プラン」発表（1996年）
「男女共同参画社会基本法」施行（1999年）
「男女共同参画基本計画」閣議決定（2000年）
③ ②を実行するための個別法のうごき
児童福祉法改正（1998年）
男女雇用機会均等法改正（1999年施行）（SH防止義務）
児童買春・児童ポルノ禁止法（「児童買春，児童ポルノに係る行為等の処罰及び児童の保護に関する法律」）（1999年施行）
ストーカー規制法（2000年施行）
DV防止法（「配偶者からの暴力の防止および被害者の保護に関する法律（配偶者暴力防止法）」）（2001年10月施行）
育児・介護休業法改正（2002年）
次世代育成支援対策推進法（2003年7月施行）（05年から10年間の時限立法）
少子化社会対策基本法（2003年9月施行）
性同一性障害者の性別取り扱い特例法（2003年7月成立）
出会い系サイト規制法（「インターネット異性紹介事業を利用して児童を誘引する行為の規制等に関する法律」）（2003年9月施行）
母子家庭の母の就業の支援に関する特別措置法（2003年7月成立）（5年の時限立法）
配偶者特別控除廃止（2004年）
DV防止法改正（2004年）

　こうした時代背景を念頭において，なぜ，「性別」が問題になるのかを本論文では検討してみたいと思う。

6-2 「社会」の変容

なぜ,「性別」が問題になるのか,という問いの答えを,本論文では「社会」の変容という現象に見出してみたいと思う。では「社会」の変容とは何なのか,変容する「社会」とは何なのかを考察してみることにする。

(1)『近代社会』の誕生

本論では「社会」とは,つまるところ「近代社会」のことだと把握することにする。そして「近代社会」は,16世紀以降の西欧に誕生した社会のことと理解しておく。つまり「近代社会」はmodern societyのことと概念化し,modern societyのことを『近代社会』と表記することにする。『近代社会』と「近代社会」は似て非なるものである。『近代社会』は日本で自然に発生した社会ではなく,日本では,この西欧に誕生した『近代社会』に明治以降,影響されて日本「社会」となり,日本「近代社会」になっていったのである。では,西洋『近代社会』はどのような『社会』(society) なのだろうか。その特色は何なのだろうか(西欧『近代社会』以前に,実は「社会」はなかったのであり,西欧『近代社会 (modern society)』が『社会 (society)』の原型を作ったのである)。

『近代社会』の構成要素は,さまざまに考察できるだろうが,本論ではとりあえず,『近代国家 (modern state)』と『産業社会 (industrial society)』と『市民社会 (civil society)』の諸要素の複合体と把握しておくことにする。15世紀末ぐらいから西欧(初めはスペインやポルトガル,16世紀末からはイギリス・オランダ・フランス,17世紀半ばからはイギリスとオランダ)は,大航海時代に入り,地理上の「発見」を契機にして非西欧(アメリカ・アフリカ・アジアなど)を植民地化していったのだ。ヨーロッパ(織物)・アフリカ(奴隷)・アメリカ(金銀)の三角貿易(大西洋奴隷貿易)の始まりであり,商業革命がもたらされた。西欧キリスト教世界では,16世紀から17世紀にかけて宗教改革が起こり,カトリックとプロテスタントの宗教対立がキリスト教世界にもたらされた。プロ

第6章 なぜ,「性別」が問題となるのか? ●―― 113

テスタンティズム(特にカルビニズムやピューリタニズム)が,その後の近代社会の成立に大きな役割を果たしてゆくことになる。また,14世紀から15世紀にかけてイタリアにルネサンス(文化再生運動)が起こり,西欧に波及していった。人間中心の近代文化(人文主義＝人間主義,世俗主義＝現世主義,合理主義＝理性主義,個人主義＝要素主義など)へ転換する契機となっていったのである。

(2)『近代国家』の成立

　こうした中で『近代国家(modern state)』が成立したのは,三十年戦争(1618-1648)を集結させたウェストファリア条約(1648)以降のことだといわれている。ここで『近代国家』といっているのは『主権国家(sovereign state)』のことである。また,この条約は「神聖ローマ帝国の死亡証明書」ともいわれているのである。

　三十年戦争とは,ハプスブルク家と神聖ローマ帝国の領邦Territorium(ドイツ王国)でのキリスト教の新旧教徒の宗教対立を発端とした紛争で,皇帝・旧教徒派(スペイン帝国)と新教徒派(デンマーク王国・スウェーデン王国・ノルウェー王国・フランス王国など)の諸王国間の領土争奪戦争になっていった。ハプスブルク家は,西欧で最も由緒ある名門王家の1つで,15世紀から19世紀当初までの神聖ローマ帝国皇帝のすべてを出した家門である。16世紀半ばにオーストリア系とスペイン系に分立し,オーストリア皇帝とスペイン王位(16世紀・17世紀)を占めていた。スペイン帝国では18世紀にスペイン継承戦争も起きていたが,オーストリアでは啓蒙専制君主となった(第一次世界大戦後1918年に王朝は崩壊した)。神聖ローマ帝国は,中世初期以降ローマ帝国を継承するものとしてドイツ地域(東フランク王国)を領域とした帝国である。16世紀以降,帝国の実体はドイツ王国に矮小化していき,「ドイツ国民の神聖ローマ帝国」と改名されていた。

　諸王国間の三十年戦争を終結するための講和会議が,1644年ごろから具体化していき,ドイツ王国のウェストファリア(ヴェストファーレン：Westphalia)

地方の2都市で協議された。この会議に参加したのは，神聖ローマ帝国ドイツ王国の領邦66カ国，スペイン帝国，フランス王国（ブルボン家），スウェーデン王国，オランダ（ネーデルラント連邦共和国）などの交戦国ばかりでなく，直接には参戦しなかったローマ教皇・ヴェネツィア国などであり，参加人数148人で，西欧史上最大の，そして最初の「国際」紛争解決のための「国際」講和会議が開かれたのだ。この会議では，議事進行手続きも1から決定しなければならず，講和会議の開催中も，実は戦闘は継続中であったのだ。そして数年後の1648年になってやっとのことで会議に終止符が打たれ，ウェストファリア条約が調印されたのだ。

このウェストファリア条約によって，各領邦国家に主権と領土が認められたのである。近代国家＝主権国家の体制が確立されていったのだ。フランスとスウェーデンは，領土を拡大し，神聖ローマ帝国議会に議席を獲得し，発言権を確保していった。フランス（ブルボン家）が西欧一の強国として台頭するようになり，神聖ローマ帝国とハプスブルク家（オーストリア・スペイン）は弱体化し，衰退してゆくことになる。条約が「神聖ローマ帝国の死亡証明書」といわれる所以である。そしてドイツの各諸侯（約三百の領邦君主）は，宗派選択権を獲得し，それぞれの領土に主権をもつことが認められ，また同盟締結権（外交自主権）も認められるようになった。

これはドイツ神聖ローマ帝国内の諸邦分立体制の確立であり，ドイツの政治統一が遅れる一因になった。スイス（連邦）とオランダには，神聖ローマ帝国からの分離と独立が正式に承認された。この条約は，世界秩序の維持装置としての近代国家を，sovereignty『主権』をもつ独立の存在として承認していったのである。

かくして近代国家は，『領土（territory）』『人民（people）』『主権（sovereignty）』の3要素から構成されるものと理解されるようになっていった。したがって「国際」社会とは，『主権国家』間の関係で成り立つ社会のこととなっていったのである。「国際」社会では，「国家の国家に対する闘争」が「自然状態」になる可能性もあることになる。『主権』とは，逆にいえば，近代国家の最

高・独立・絶対の権力（統治権）なのである。

（3）『産業社会』の登場

　16世紀・17世紀に大航海時代に入り，商業革命がもたらされた西欧において，フランスとの植民地争奪競争に勝ったイギリスは，18世紀に第一次帝国を建設していた。17世紀にイギリスは，宗教改革・ピューリタン革命を経て，共和制を樹立したが，名誉革命を通して立憲王政を確立し，こうした市民革命によってイギリスの絶対王政は終わりを告げていた。また2度のエンクロージャー（土地囲い込み）によって18世紀に農業革命が起こり，農業における資本主義的土地所有制度が確立し，独立自営農民（中産層）が没落し，農民たちは賃金労働者化していった。

　こうした背景の中でイギリスでは1770年代から1830年代にかけて産業革命が起こり，社会構造が根本的に変化し，近代資本主義経済体制が確立し，『産業社会（industrial society）』が登場したのである。これは，生産技術の急激な発展に伴う社会・経済上の大改革であった。問屋制家内工業やマニュファクチャア（工場制手工業）に代わって大規模な工場制機械生産が支配的になり，資本主義体制が確立されたのである。蒸気機関などなどの発明は，機械工業の独立的発展を可能にしていったのだ。イギリスは「世界の工場」の地位を獲得し，世界の陸地の1／4を植民地にするほどの大英帝国を築いた。産業革命の結果として，農業社会から資本主義的工業社会（『産業社会』）に変容し，人口の移動，都市化が発生し，大量の賃金労働者（プロレタリアート）が産み出された。人びとの生活は，伝統的な農村生活から人工的な都市生活に適応が迫られ，工場労働の賃金労働者の生活様式が支配的になったのだ。各地の「産業革命」はイギリスのこうした『産業社会』の影響を受けて，米国・フランス・ベルギーなどでは1830年代に，ドイツでは19世紀中頃に，日本やロシアでは19世紀末に始まったといわれている。

(4)『市民社会』の成立

　ウェストファリア条約（1648）以降，『主権国家』としての近代国家を確立した西欧諸国においては，君主を中心とする絶対王政（絶対主義：絶対君主政体）の中央集権的国家体制（君主主権国家）を打ち立てられていた。王権神授説と重商主義の経済理論を援用しながら，封建制的土地所有と身分制の封建制度を維持していたのだ。

　ウェストファリア体制において強国として台頭してきたフランス王国（ブルボン家）は，17世紀に絶対王政の全盛期を迎えていた。フランスの絶対王政は旧体制（アンシャン・レジーム）と呼ばれ，領主制と身分制の封建制度が維持されていた。18世紀後半のフランスでは，ブルボン王朝の財政改革での失政があり，さらに第三身分（平民），特に大多数の農民や都市の下層民衆は，苦しい生活を強いられていた。その中で経済力をもつ都市の商工業者（ブルジョワジー）が台頭してきた。彼らは啓蒙思想やアメリカ合衆国の独立に影響を受けていた。第二身分の貴族たちは，王権を制限する目的で，「三部会」の招集を国王（ルイ16世）に要求した。第三身分（都市ブルジョワジー）が「三部会」を「国民議会」に改称し憲法制定を求めている中，1789年7月14日にパリの民衆は（絶対王政の象徴としての）バスティーユ牢獄を襲撃したのである。

　国民議会は8月4日に封建制を廃止し，8月26日に人権宣言（「人間と市民の権利に関する宣言」）を採択した。フランス（ブルジョア）市民革命は，旧体制としての封建制度と（ブルボン）絶対王政を打破し，国民公会を成立させ，共和制を宣言したのである。こうした18世紀のフランス革命，その前の17世紀のイギリスのピューリタン革命・名誉革命，そして18世紀のアメリカ独立革命，さらに19世紀のドイツ三月革命などが，市民革命の典型となっていった。（ブルジョア）市民革命は，『市民社会civil society』の成立契機となり，政治的自由や私有財産制を確立し，資本主義社会へ道を開き，三権分立原則の『近代国家』を樹立し，国民主権の『近代国家』，国民国家としての『近代国家』を確立したのである。市民社会の理念は，自由・平等な『個人』（individual）で構成される近代社会であり，啓蒙思想や自然法思想を基盤とするものであ

る。

　かくして18世紀の西欧に本格的に『近代社会』（の社会構造）が確立されたのである。こうして始動した『近代社会』は，さらに，19世紀・20世紀・21世紀と変容することになる。19世紀の『近代社会』（の社会構造）と20世紀の『近代社会』（の社会構造）そして21世紀の『近代社会』（の社会構造）は異なり，『近代社会』の社会構造は変動し，変化し，変容しているのだ。この変容の検討は，別の機会に譲って，次節では日本の「近代社会」への変容を垣間みることにする。

6－3　日本の「近代社会」化

　日本がこのような「近代社会」（の社会構造）に変容していったのは，6－2でも述べたように，明治政府以降のことである。明治政府は，江戸幕府の幕藩体制の崩壊の後，いわゆる明治維新（大政奉還，王政復古など）の過程を経て，日本に天皇制統一国家としての「近代国家」を創造していったのである。日本は封建体制から資本主義経済体制へ移行していくのである。こうした一連の改革は「御一新」あるいは明治維新と呼ばれている。明治政府は日本を「近代社会」にするために諸政策を断行していったのである。

（1）明治維新・王政復古
　江戸時代の天保の飢饉（1833－36年）以降，百姓一揆・打毀（加茂一揆1836年，大塩の乱1837年，信達一揆1866年，武州一揆1866年など）及び世直し一揆（ええじゃないか1867－68年など）が各地で多発していたが，幕府の対策は不十分であり，幕藩体制は危機を激化させていた。

　18世紀以来，欧米の船が頻繁に日本にくるようになっていたが，幕府は鎖国を続けていた。1846年にビッドル（アメリカ東インド艦隊司令長官）が浦賀に来航し通商を求めたときも，幕府は拒絶していた。1853年にはフィルモア第13代米国大統領（1850－53年）の国書をもって幕府に開国を迫ったペリー（東

インド艦隊指令長官：アメリカ膨張主義者）が浦賀沖に来航した。そのとき幕府は，その国書を正式に受け取ったのだ。同年，ロシア使節プゥチャーチンも長崎にきて開国を求めた。1854年には幕府は，再来航したペリーと，艦隊武力の威力に屈して神奈川条約（日米和親条約）を調印せざるを得なかった。ここに日本の鎖国から開国への第一歩が記されたのだ。1854年に日英和親条約の調印，1855年に日露和親条約の調印，1856年に日蘭和親条約の締結がなされた。自由貿易を求める米国のハリス駐日総領事は，1857年に下田条約を調印し，1858年に幕府と日米修好通商条約（最初の包括的通商条約）を締結した。この（不平等条約の）調印及び蘭・露・英・仏との同様の修好通商条約（安政五カ国条約）の締結によって，江戸幕府は1639年以来堅持してきた鎖国体制を解き，開港し，貿易を開始したのだ。日本は，欧米の「国際秩序」及び資本主義経済体制に編入されていったのだ。

こうした中で，思想対立が激化し，武士たちの世論は（尊皇）攘夷論対（佐幕）開国論という形で分裂した。攘夷論は，儒教の中華思想に由来する封建的排外思想で，外夷（＝外人）を排撃し鎖国を主張する議論である。本来別系譜の思想である尊皇論と合流したのが，尊皇攘夷論（尊攘派）で，（後期）水戸学は幕藩体制の再強化策とした。日米修好通商条約締結に際して，朝廷は鎖国・攘夷の意を示したが，幕府（井伊直弼大老）は，勅許を得ずに条約調印を断行した。この条約勅許問題及び安政の大獄（幕府再建策）（1858－1859年）を機に，尊攘派は反幕（幕藩体制反対）を強化していった。尊皇攘夷運動は，桜田門外の変（1860年）で井伊直弼を暗殺し，朝廷権力の復活運動となったが，現実的基盤をもてずに，四国艦隊下関砲撃事件（1864年）や薩英戦争（1863年）の後，攘夷の不可能性が明確になっていき，倒幕（幕府打倒）運動に変わっていったのだ。開国論は，江戸時代の鎖国廃止論のことである。ペリー来航以後の幕府の現実的政策であった。尊皇攘夷論に対抗し，佐幕論（幕府の政策を是認する議論）・佐幕派と結合して佐幕開国論になっていった。

倒幕運動は，薩長同盟の結成（1866年）後に本格化していった。桜田門外の変以後，幕府は公武合体策によって幕藩体制を再建しようとした。公武合体派

の諸藩（陸奥会津藩・薩摩鹿児島藩など）は，尊皇攘夷派（長州萩藩など）を京都から追放した（文久3年（1863年）8月18日の政変）。さらに幕府は，蛤御門の変（1864年）で朝敵となった長州藩を征伐した（1864年）が，第二次の征伐の時（1866年）には，鹿児島藩では倒幕派が台頭し，薩長同盟が結成されていたが故に，長州藩は幕府軍を敗退させたのである。こうして幕府の権威が失墜することとなった。幕府は，1867年10月14日に，形式的に「大政奉還」（朝廷に政権を返上）の上表を朝廷に提出したのである。

　1854年の開国以降，尊攘論は変形して薩長同盟締結後は尊皇倒幕論が勢力を増していた。尊皇倒幕派（薩長の朝廷方）は，1867年10月14日に討幕の密勅をえて，1867年12月9日に政変を決行し「王政復古の大号令」を発し，天皇を中心とする新政府を樹立したのだ。倒幕派は，小御所会議（御前会議）で，公議政休論（土佐藩）を抑えて，新政府から徳川家の排除を決めた（辞官納地）。ここに江戸幕府は滅亡したのである。

　旧幕府佐幕派は，朝廷方の新政府（倒幕派）に反発し，1868年に戊辰戦争（内戦）（鳥羽伏見の戦，北越戦争，会津戦争，彰義隊の戦い・上野戦争，五稜郭の戦・箱館戦争など）が生じたが，翌年までに新政府側の勝利で，内戦は終了したのである。この間，新政府は，1868年（明治元年）1月15日に王政復古を諸外国公使に通告し，3月14日に天皇が百官を従えて神々に誓うという形で「五ヵ条の誓文」（祭政一致・天皇親政の明治政府の基本方針）を公布して公議世論の尊重や開国和親などの政策理念の基本を示し，翌日には庶民に対して「五榜の掲示」を掲げて五倫の道（儒教道徳）を説き，また閏4月に政体書を制定して中央集権の太政官制を整備し，7月に江戸を東京と改め，9月に年号を明治と改元し一世一元の制をうち立てた。翌年，東京に事実上遷都した。1869年に各藩に版籍奉還を命じ，1871年に廃藩置県を断行した。1870年には，神道国教化のために大教宣布が行われていた。1872年に壬申戸籍を作成し，1873年に徴兵令を公布し，秩禄処分（1876年までの華士族への家禄支払の廃止政策）の施行，地租改正（1873-81年の土地制度・税制の改革）が続き，1877年に西南戦争（反政府の反乱）が生じたが，政府軍が鎮圧したのである。ここに日本の政治統

一が完成した。新政府の課題は，旧来の藩体制を廃止して，天皇を中心とした中央集権国家体制（「近代国家」）を確立することであった。

（2）明治政府の目標

新政府の最大の目標は，（英・蘭・西・葡・仏・独・露・米の）欧米列強に伍して，「近代国家」を成立させ，植民地とならずに国家の独立を維持するように「強国」を作ることであった。「近代国家」とは，中央集権国家を意味していた。そこで新政府は，「富国強兵」「殖産興業」「文明開化」を政策の合い言葉に，日本の「近代社会」化を推し進めるために，欧米のさまざまな近代制度を導入していったのだ。開国和親の方針の下，新政府は，大規模な使節団を欧米諸国に派遣し，『近代社会』の諸制度を視察し，『近代国家』の政治や経済の状況を学び，日本の近代化を進めていった。そして立憲政体の政治の必要性が認識されるようになってきたのだ。

「富国強兵」（国の財力を豊かに富ませ，兵力を強くすること）は，明治政府の掲げた中心的課題を示すスローガンであり，富国＝殖産興業による資本主義化と，強兵＝近代的軍事力の増強を目指したものだ。新政府は，まず近代的な軍隊をつくる計画を進めた。廃藩置県とともに，藩兵を解散させ，すべての兵権を太政官の正院（内閣？）の兵部省に治めて，1873年に国民皆兵の政府軍を作るための徴兵令を公布した。かくして武士の軍隊に代わって徴兵制度の一般国民からなる軍隊ができたのだ。徴兵令による軍隊の創設は，奇兵隊の経験や欧米の兵制に学んだ長州藩の大村益次郎や陸軍卿山県有朋によって推進された。血税一揆（徴兵令反対一揆）もあったが，1889年に免役規定を廃止し国民皆兵の原則が確立された。また1874年には東京警視庁も設置され警察制度が整備された。

「殖産興業」は，資本主義経済体制への移行のために明治政府が展開した近代産業保護育成政策である。「富国」政策の重要部分である。強国の建設のためには，国力をつけなければならず，国力の基礎は経済力だと考えられたのだ。新政府は，欧米から産業機械・技術を輸入し，官営工場を設立し，輸入機械払

下げなどで私企業の育成もした。技師や教師の御雇外国人を指導者として欧米の学術・知識が移入され，経済諸制度が整備され，工部省の管轄した官営工業（軍事工業・製鉄・造船・鉱山・鉄道・製糸・紡績など）の経営が行われ，近代産業が育成されたのだ。封建的諸制度は撤廃され，近代の「産業社会」の発展のための基礎が築かれた。貨幣制度・金融制度・銀行制度・郵便制度・電信制度・鉄道制度・海運制度などが制定されていった。屯田兵制度で北海道の開拓を行い，官業払い下げによって官営工業の工場や鉱山は，旧財閥となる政商（ブルジョワジー）（三井・三菱・住友・安田など）に渡っていった。

「文明開化」は，明治初期の近代化・欧化現象の風潮のことである。新政府の近代化政策の展開によって，社会生活全般にわたって欧米の思想や生活様式が流入された。啓蒙思想家たちは，天賦人権論を唱え，「自由」・「平等」・「個人」・「権利」・「国民」などの思想を広め，近代の社会制度についての知識を啓蒙した。新政府は，欧米諸国の学校教育制度を取り入れ，1872年に学制を公布した。

生活の面では西洋風俗がひろまった。洋服・洋食・散髪などの習慣が現れたのだ。東京の銀座では煉瓦造りの建物，ガス灯，馬車・人力車が名物となった。1872年に太陽暦も採用された。活版印刷術の発達により，日刊新聞が発行され，1874年には明六社の『明六雑誌』も発行されていた。実のところ，こうした（上からの近代化としての）欧米の風俗・習慣が広まったのは，主に東京などの大都会や，役所・学校・軍隊の中だけだった。新政府の上からの近代化は，やがて自由民権運動と対立するようになっていった。新政府は1875年に讒謗律・新聞紙条例を制定し，言論の取り締まりをしたのである。その後に1889年に大日本帝国憲法が発布され，1890年の国会開設によって天皇制の「近代国家」体制は完成されたのだ。

（3）明治政府の日本の「近代社会」化の困難

以上，明治政府の日本社会の「近代化」のプロセスを垣間みてきたが，明治政府の日本の「近代社会」化は，想像を絶するほどの「大変」なことや多くの

困難を伴っていたようである。どのような意味かというと，明治維新まで，日本には「社会」「近代社会」「国家」「国民」「産業」「市民」という言葉はまったく存在していなかったのであり，そのような概念がまったくない所から，日本の「近代社会」化を確立することを始めざるを得なかったからである。欧米では少なくともそれまで100年あまり展開してきた『社会』『国家』『市民社会』という概念が存在しているが，日本にはそのとき，そうした言葉さえなかったのである。

6-2でみてきたように，欧米では『近代社会』は『近代国家』『産業社会』『市民社会』の複合体と把握することができるだろう。その『近代社会』を，明治政府はおそらく「富国強兵」「殖産興業」「文明開化」及び「天皇制」で作りだそうとしたのであろう。『近代国家』は，「富国強兵」として，天皇制の中央集権国家に変形していたのである。『近代国家』の構成要素である『領土』『人民』『主権』のうち，とりわけ『主権（sovereignty)』概念の理解ができなかったようである。sovereignty『主権』は，「主権」と今や訳されているが，その概念内容は理解できないままであるのは，明治維新のときと同様なのであろう。『主権』はおそらく国権（国家権力）と解され，さらに国権は王権となり，王権＝君主制であり，君主制＝天皇制と解されているのだろう。しかし『近代国家』では，『国家』は取りも直さず『主権国家』のことなのであり，国際社会は，こうした主権国家関係の社会のことなのである。『近代国家』は君主制中央集権国家である必然性はないが，日本の「近代国家」は天皇制国家としてしか概念理解できなくなっているのだ。

『産業社会』は，「殖産興業」として，「富国」のための産業育成国家に変形していったのだ。「殖産興業」としての「産業社会」は，国営の資本主義経済となり，国家産業あるいは産業国家のこととなったのである。「産業」は，官営の殖産（＝産業を盛んにすること）・興業（事業を興すこと）のことであり，「産業社会」は産業国家であり，産業と国家は常に一体のものなのである。

『市民社会』は，「文明開化」のうちの天賦人権論思想としてのみ流布し，「近代社会」の構成要素としては必ずしも認知されなかったのだ。「自由」・「平

等」な「個人」は思想の世界にしかなく，天皇制国家（あるいは立憲君主制）においては『市民平等』ではなく，「四民平等」でしかないのだ。皇族・華族・士族・平民の差別意識は恒常化されているのである。このようにして「近代社会」「近代国家」を開始してきたのが，日本なのである。これが日本の「近代社会」化の内実なのである。日本の「近代社会」は『近代社会』の変形なのである。

6－4 『近代社会』の変容と「性別」問題

　欧米の『近代社会』は，『近代国家』『産業社会』『市民社会』を構成要素として，その中にある種の『性別（SEX）』のあり方を組み込んできた。『近代社会』は『国民国家』としての『近代国家』において男女二分法的性別観を自然化してきた。『国民』は男か女であり，男女二分法的性別観をもっているのだ。また『近代社会』は，『産業社会』を，性別役割分業的性別観に基づいて構成したのだ。男は公的領域に属する人で，女は公的領域を支える私的領域に属する者となっていったのだ。そして人権宣言をした『市民社会』としての『近代社会』は，市民から「女性」（及び「黒人」など）を当然のように排除していたのである。

　欧米の『近代社会』は，20世紀の後半になると，ポスト『近代社会』に姿を変えていった。『国民国家』としての『近代社会』は，地域主義に基づいて，国家（state）単位の編成を変更させ，ヨーロッパ地域ではヨーロッパ共同体（EC）を経て，マーストリヒト条約を調印して，諸国連合体（ヨーロッパ・ユニオン欧州連合EU）を組織し，政治・経済・社会の統合を進め始めたのだ。アメリカ合衆国は，もともと合州国（united states）であり，連邦国家＝連合国家なのである。また『近代社会』は，もう1つの地域主義に基づいて，国家（state）単位の編成を変更させ，中央集権制から地方分権の地方自治体を発達させた。人民は，国民ではなく，地域社会の住民になったのだ。『産業社会』としての『近代社会』は，資本主義経済体制のグローバリゼーション（グロー

バル化＝世界化）を進展させ，国民経済（国民国家単位の経済活動）から，多国籍企業などの世界市場経済に変貌してきた。『市民社会』としての『近代社会』は，公民権運動の結果，個人の平等を推進し，市民運動が展開され，女性差別撤廃に向けて『ジェンダー』平等を実現しようとしている。かくして『近代社会』の変容によって，「性別」差別問題は『ジェンダー』平等問題に変容してきたのである。

　こうした『近代社会』の変容の中で日本の「近代社会」は，20世紀後半になっても，ポスト「近代社会」への変容，つまり「国民国家」から脱「国民国家」への変容，「産業社会」から脱「産業社会」への変容，新しい市民社会論への変容を示していないのではないか。また，自由・平等な『個人』のいない日本の「近代社会」は，市民平等も達成されずに，天皇制の中央集権国家としての「近代社会」を未だ展開しているのだろう。ここには，「性別」差別問題が顕在化している。しかし日本社会の「性別」差別問題は，まさに「性別」問題なのである。これは天皇制「近代社会」に組み込まれている「性別」のあり方が問題になっているのだ。しかしポスト「近代社会」の性別のあり方（ジェンダー）に向けて，問題が変容しているわけではない。日本社会には「ジェンダー」平等問題を解決する「ジェンダー」の視点が未だなく，「ジェンダー」平等問題は未だ顕在化していないのである。「性別」差別問題と「ジェンダー」平等問題の間で，21世紀の日本社会の「男・女」は，どのような生活を送っていくのだろうか。

【参考文献】

(1) 浅羽通明『ナショナリズム―名著でたどる日本思想入門―』（ちくま新書）筑摩書房，2004年。
(2) 伊藤公雄『「男女共同参画」が問いかけるもの　現代日本社会とジェンダー・ポリティクス』インパクト出版会，2003年。
(3) 伊豫谷登士翁『グローバリゼーションとは何か―液状化する世界を読み解く―』（平凡社新書）平凡社，2002年。
(4) 大沢真理『男女共同参画社会をつくる』日本放送出版協会（NHKブックス），2002

年。
(5) 大沢真理『21世紀の女性政策と男女共同参画社会基本法（改訂版）』ぎょうせい，2002年。
(6) 岡野八代『シティズンシップの政治学―国民・国家主義批判―』現代書館，2003年。
(7) 姜尚中編『ポストコロニアリズム知の攻略思想読本＜4＞』作品社，2001年。
(8) 姜尚中・森巣博『ナショナリズムの克服』（集英社新書）集英社，2002年。
(9) 姜尚中／テッサ・モーリス－スズキ『デモクラシーの冒険』（集英社新書）集英社，2004年。
(10) 鹿嶋敬『男女共同参画の時代』（岩波新書）岩波書店，2003年。
(11) アンソニー・ギデンズ（松尾精文・小幡正敏訳）『近代とはいかなる時代か？―モダニティの帰結―』而立書房，1993年。
(12) アンソニー・ギデンズ／クリストファー・ピアソン（松尾精文訳）『ギデンズとの対―いまの時代を読み解く―』而立書房，2001年。
(13) 酒井直樹『日本思想という問題―翻訳と主体―』岩波書店，1997年。
(14) 篠原一『市民の政治学―討議デモクラシーとは何か―』（岩波新書）岩波書店，2004年。
(15) 内閣府男女共同参画局『わかりやすい男女共同参画社会基本法』（有斐閣リブレ）有斐閣，2001年。
(16) 日本ILO協会編『ILO：労働組合とジェンダー平等―知るため，仲間をつくるための，ガイドブック―』日本ILO協会，2004年。
(17) 坂東真理子『男女共同参画社会へ』勁草書房，2004年。
(18) トリン・T・ミンハ（竹村和子訳）『女性・ネイティヴ・他者―ポストコロニアリズムとフェミニズム―』岩波書店，1995年。
(19) 宮島喬『ヨーロッパ市民の誕生―開かれたシティズンシップへ―』（岩波新書）岩波書店，2004年。
(20) 本橋哲也『ポストコロニアリズム』（岩波新書）岩波書店，2005年。
(21) 八木雄二『「ただ一人」生きる思想―ヨーロッパ思想の源流から―』（ちくま新書）筑摩書房，2004年。
(22) 柳父章『翻訳語成立事情』（岩波新書）岩波書店，1982年。

第7章
セクシュアリティとナショナリズム

　日本記号学会第18回大会（1998年5月）のテーマは,「言語,ネイション,セクシュアリティ：モダニティの諸相」であった。言語記号,ネイション（国民),セクシュアリティ（性愛）という,われわれ近代人のアイデンティティの根拠となる3つの概念を,モダニティ（近代）の相として結びつけるという主旨である。「言語：ナショナリズムとグローバリゼーションのはざまで」と「セクシュアリティと言語／ナショナリズム」という2つのターブル・ロンド（シンポジウム）も設定された。

　後者のシンポジウムの世話係となった私は,小田亮（成城大学／文化人類学）と牟田和恵（甲南女子大学／歴史社会学）にスピーカーをお願いした。小田氏は,近代日本社会における「性欲」の発生を辿った『性』（一語の辞典）を著しており,また牟田氏は,近代日本社会における国民国家形成と家族制度の共犯関係を照射した『戦略としての家族』を著しており,両者はこのシンポジアストとして適任だと判断したからである。以下は,このターブル・ロンドを引き受けたときに私が考えていたことを,多少まとめてみたものである。

7-1　セクシュアリティ

　近代日本社会の性のあり方（セクシュアリティ≒性愛）を「言語」（言説／ディスクール・法律／成文法・（ファル）ロゴス／論理など）やナショナリズム（国家主義・民族主義・国民主義・国粋主義など）の視点から考察してみたいと思っている。では,なぜセクシュアリティなのか？　あるいはセクシュアリティとは何なのか？　という問いが発せられるだろう。それについてまずは私の意味するところを提示することから始めたいと思う。

第7章 セクシュアリティとナショナリズム　●──127

　ミシェル・フーコーの『性の歴史1』での指摘以来，近代社会では性関係にかかわらずセクシュアリティという装置が，婚姻の装置（結婚制度）とは独立に，発明されてきたということが徐々に明らかになってきている。フーコーは次のように指摘していた。

　『おそらく，あらゆる社会では性関係はアライアンス（婚姻関係）の装置を生み出しただろう。つまり結婚の制度であり，親族の絆の固定と展開の，名前と財産の譲渡の，システムである。……西洋社会は特に18世紀から，以前の（アライアンスの）装置の上に重ね合わされ，その装置に完全には取って代わることなくその重要性を削減するのに役立つような新しい装置を創造・展開した。セクシュアリティの装置のことである。これは，アライアンスの装置と同様に，性の相手（性的パートナー）の回路と接続しているが，まったく異なった仕方なのである。この2つの制度は，ひとつひとつの項目ごとに対比できるものである。アライアンスの装置は，許可されたものと禁止されたもの，合法のものと違法のものを定義する規則のシステムのまわりに構築されるが，セクシュアリティの装置は，権力の流動的・多型的・偶有的なテクニックに従って作用するものである。……アライアンスの装置が，富の譲渡や流通において果たすことのできる役割のせいで経済に堅く結ばれているとするならば，セクシュアリティの装置は，多数の微妙な中継器を通じて経済と結びついてはいるが，その主要なものは身体，つまり生産し消費する身体なのである（この装置は身体の感覚，快楽の質，感受の性質と関連しているのだ）……アライアンスの装置にとって重要な位相は「再生産＝生殖」である……』(pp. 136-137)。

　この指摘によれば，近代社会の性関係は，アライアンスの装置とセクシュアリティの装置と関連するものとなる。アライアンスの装置によって，性関係は近代結婚制度の中で，法律関係として再生産され，社会を維持する「生殖」の機能を担わされることになるのだ。他方で性関係は，セクシュアリティの装置によって，婚姻関係とは別に，「権力」の作用として直接に身体（の感覚）と関連するものとなるのである。

　本稿で使用する「セクシュアリティ」の概念は，このような意味でのセクシ

ュアリティの装置の効果である性関係／性現象を指示するものと考えたいと思う。セクシュアリティは，あらゆる社会に普遍的に見られる「生殖」的性関係のことではなく，近代社会において生み出された身体の権力技法に従って生起する「性現象」ととらえておくことにする。近代社会のセクシュアリティは，婚姻関係とは独立に生じる身体現象なのである。婚姻関係のシステムの中における性関係と，セクシュアリティの性現象とは別のものと理解しておくことにする。

7−2　性現象の社会的／国民的構成

さて，このような性現象を含めて性関係／性愛／性行為／性交に対しては，これまで「本質主義」的な理解が主流であった。「性」とは，人間存在にとって何か本質的なものであり，「性＝自然」であり，歴史／社会／文化的に普遍のものであり，その根本は不変のものだという理解のことである。これは近代社会における性愛言説に多くみられるものである。

しかしながら性の本質主義＝自然主義の言説に対しては，フーコー以降さまざまな人が異議申し立てをしてきた。性愛現象は，たとえば性欲は，先在の生物学的実体（本能）ではなく，歴史上特定の時点で社会的／言説的に生成されるものだと主張されてきたのだ。性愛は，生物学用語では理解不可能な現象であり，社会や歴史において構成／編成されたものだと理解されてきたのである。

いわゆる社会的構成主義（＝構築主義）の理論的立場の出現で，性現象が社会的に構成されたものという理解は広まりつつある。性愛が近代市民社会においていかにして社会的に構築されてきたのかの解明は進みつつあるのだ。他方で，ポストコロニアリズムの議論を経た今日において，「性現象」をより具体的に近代市民社会の中で理解するためには，市民社会の矛盾的存在である「国民国家（nation-state）」との関連で性現象を理解しなければならないだろう。つまり性愛の社会的構成の構成要素の中に国民的要素を含めて理解するという

ことである。「性現象」は，結婚（家族）制度と同様に，近代人個人のアイデンティティと近代国民国家を繋ぐ政治装置でもあるのだ。

したがって以下で解きたいのは，近代市民社会において「国民国家」を形成するときに，どのような性現象を構成することによって，国民＝nationを作り得たのだろうかという問題である。近代社会の国民の性現象は，いかにしてその国民のあり方と相関しているのかを理解したいと思う。ナショナリズム（国民主義）とセクシュアリティ（性現象）の関係を理解しようとするこうした問題提起は，やっと90年代に入って本格的に始められたばかりなのである。

7-3 レスペクタビリティ（市民的価値観）

ナショナリズムとセクシュアリティの関係を考察するのに，G. L. モッセの『ナショナリズムとセクシュアリティ：近代ヨーロッパにおける中産階級道徳と性規範』（原著）新判1988（初版1985）を無視するわけにはいかない。この本は，ナチズムに至るドイツ史を中心として近代市民社会におけるナショナリズム（＝国民主義）と性規範の関係を扱った歴史研究書である。特に近代市民社会の矛盾をレスペクタビリティ（respectability）の機能から説明するものだ。身体やセクシュアリティに対する社会の態度が成立するのに，道徳・レスペクタビリティ・ナショナリズムが果たした機能を検討しているのである。

では，このキーワードであるレスペクタビリティとは何か。訳者（佐藤卓己・佐藤八寿子）の解説をまず参照してみよう。

『本書の中心的概念である「レスペクタビリティ」（尊敬されるに価すること）は，本来はヴィクトリア時代のイギリス市民社会で使われた独特な価値判断の基準である。その意味では，市民として他人から尊敬されることを求める中産階級を中心とした理念といえる。つまり，自分を尊敬する他人の視線を意識する理念であり，精神的要素のみならず服装や消費生活など外面的要素も含む価値基準であり，中産階級はこれを労働者階級に対しても社会規範として受け入れさせようとしていた。具体的には勤勉，自助から清潔や健全な家庭イメージ

まで多様な文脈で理解された。こうした文化的ヘゲモニーの成立する状況を踏まえて、正確な日本語に置き換えることは困難であるが、本書では、独訳本（原則として「市民道徳」と訳されている）を参考にしつつ、レスペクタビリティ＝「市民的価値観」と表記した。』（モッセ，p.6）。

つまり、レスペクタビリティとは、自分がちゃんとしたまともな人／きちんとした立派な人だと見られているという中産階級の市民の価値基準（規範）のことなのである。

モッセ自身の説明も聞いておこう。『レスペクタビリティとは，……「礼にかなった正しい」作法と道徳を指す用語である。……今日我々が当然のことと見なしているレスペクタビリティすなわち近代社会の出現から現在に至るまでヨーロッパにおいて規範とされている作法，道徳……。』（モッセ，p.9）この用語を用いて、モッセは、近代最強のイデオロギーであるナショナリズム（国民主義）とレスペクタビリティとの関係を歴史的に明らかにするという本書の意図を述べているのだ。18世紀に近代のナショナリズムが出現したとき、レスペクタビリティ（市民的価値観）の理想とそのセクシュアリティの定義も同時に登場したというのである。

ナショナリズムとレスペクタビリティの関係の分析では、ジェンダー（男らしさや女性の立場）及びこの規範のインサイダーやアウトサイダーが問題になる。さらにナショナリズムやレスペクタビリティの関心という文脈で、セクシュアリティの歴史が分析されるのだ。セクシュアリティは、ナショナリズムとレスペクタビリティの展開の中で特別の関心事である。市民社会とナショナリズムはセクシュアリティの概念に取り憑かれていたのだ。セクシュアリティは、単なる肉体から男女の美という理想的なステレオタイプへと凝縮された。セクシュアリティの統制は、レスペクタビリティや市民社会の存在にとって必要不可欠なものであったのだ。以下では、しばらくモッセの主張を聞いてみることにする。

7-4 ナショナリズムとレスペクタビリティの関係

　近代のナショナリズムは18世紀末から19世紀初頭にかけて出現した。そして作法や道徳や倫理規範も歴史過程の産物の一部である。したがってこのときに、作法や道徳はナショナリズムと提携関係に入ったのである。作法や道徳は18世紀以前のものとは異なり、市民的価値観＝レスペクタビリティに著しく変化していたのだ。レスペクタビリティは高潔さ・厳格さ・上品さを称賛し、美徳と悪徳、正常と異常の境界線が鮮明に引かれたのだ。このレスペクタビリティとナショナリズムは切っても切れぬ関係となっていくのである。

　こうしたレスペクタビリティはセクシュアリティの近代概念を決定づけた。レスペクタビリティの概念は、身体とセクシュアリティの新しい理解を構成していたのだ。18世紀以前にはなかった作法と道徳であるレスペクタビリティは、19世紀の間に主流となった。こうした作法や道徳がセクシュアリティの歴史と関連するようになったのだ。レスペクタビリティが性的な行動様式を支配するようになったのである。

　このレスペクタビリティの理想は中産階級の生活様式を特徴づけるものであった。中産階級は（プロテスタント的な）レスペクタビリティ（純潔・貞節・中庸・自制など）によって（怠惰な）下層階級と（放蕩な）上層階級（貴族）の生活様式に対して自らの地位（自己規定）を守っていたのだ。「市民」とはレスペクタビリティそのものの発展から生じた階級のことである。そしてレスペクタビリティの生活様式は最終的には近代社会全体のものとなった。レスペクタビリティは、市民階級の覇権とともに確立したのである。これが市民社会の源泉である。

　ナショナリズム（国民主義）は、こうした中産階級の作法や道徳を吸収し、支持承認した。ナショナリズムは、レスペクタビリティを各階級に広めるのに重要な役割を果たしたのだ。近代における最も強力なイデオロギーであるナショナリズム（国民主義）は、各時代の重要な思想・理念をほとんど取り込もう

とする。それはレスペクタビリティ＝市民的価値観をも擁護するのである。

また，ナショナリズムは，セクシュアリティを変化させ，レスペクタビリティへ取り込む手段を提供した。さらにナショナリズムは自らの性的理想を思い描き，情欲のない男女の美のステレオタイプを提案していた。こうしたナショナリズムとレスペクタビリティの美学にわれわれは支配されているのである。

かくして聖女像や男らしさ（ジェンダー）の新しい理想が，レスペクタビリティやセクシュアリティの理念の展開において重要な役割を果たしていた。男らしさの理想はフランス革命において確立したのだ。この男らしさは，作法と道徳の問題となっていた。そしてゲルマン的なものと中産階級道徳とは不可分であると考えられたのである。

正常と異常の区別を基本とするレスペクタビリティは，健康と病気および正常と異常の医学的定義と結びついていた。美徳と悪徳は，健康と病気の問題となったのだ。病気や異常は悪徳の実践によるものとされ，男らしさ・非女々しさが美徳の印となった。ナショナリズムは，こうした正常性や男らしさの理念を採り入れて，男女の国民的ステレオタイプを作り上げていたのだ。その人間美のステレオタイプには，肉欲・官能・エロティシズムを抑制することが含まれていた。それはまた中世以来の騎士道理念に由来するものがあった。国民的ステレオタイプと中産階級のステレオタイプは同一のものとなっていたのだ（女性は道徳や秩序の守護者および監視者，そして母親として理想化されていた）。

こうしてナショナリズムとレスペクタビリティは，すべての人びとに，社会生活における正当なカテゴリーを割り当ていた。男性と女性，正常者と異常者，自国民と外国人などである。こうした役割は固定的で不変であった。つまり，こうしたカテゴリーの混同には社会生活を混沌に陥れる危険があったのだ。

また近代家族的な核家族の勝利は，ナショナリズムとレスペクタビリティの台頭と同時の出来事であった。男女それぞれに役割を割り当てて核家族の秩序は維持されたのだ。また家庭への愛情が近代家族の理想となった。家庭でのしつけはレスペクタビリティの秩序を維持する機能の中心であった。要するにナショナリズムが上から強化したレスペクタビリティを，家族が下から支えたの

である。かくしてナショナリズムの理念は，家族に浸透していったのだ。

7－5　ファシズムとセクシュアリティ

　さて，ある種のナショナリズムは，どのようなセクシュアリティを構成するのか。この問題を検討するために，ファシズムを例にとって具体的に観察したいと思う。ここでもモッセの考察を参考にしてみよう。
　これまでもナチズムの男性原理や家父長制は認識されてきた。だがモッセによればしばしば等閑視されているのは，ファシズム台頭期のナショナリズムとレスペクタビリティの役割なのである。人びとの生活はナショナリズム（国民意識）とレスペクタビリティ（市民道徳）に大きく規定されていたのである。
　ファシズムは正常と異常の区別，男性と女性の分業を維持／強化した。だが，ファシズムは単に結果としてセクシュアリティを抑圧しただけではなかった。運動としてのファシズムは既存の市民社会＝レスペクタビリティの秩序を破壊するだけでなくその防御をも同時に行わざるを得なかったのである。
　ファシズムは男性共同体を自称していた。参戦兵士の戦争体験は男たちに共感の共同体意識を芽生えさせ，「男性同盟」を立証してくれた。戦友愛は真の男性性を象徴するものであった。こうした男性同盟自体はレスペクタビリティ（市民的価値観）の要請には無関心であったのだ。男らしさは国民主義（ナショナリズム）の核心部分であった。だがファシズムは，秩序と道徳を望む市民階級の支持にも依存しなければならなかったのだ。レスペクタビリティの建前はファシズムでも重要だったのである。
　レスペクタビリティ（市民的価値観）はファシズムの男性同盟に内在している性規範（ホモ性愛）に対する潜在的な脅威であった。男性同盟にはホモエロティシズムや同性愛への誘惑が内在していたのだ。だが，ナチズムは戦術としてレスペクタビリティを擁護し，アウトサイダーをステレオタイプ化していった。同性愛に制裁が加えられ，家族生活が擁護されたのである。
　セクシュアリティに対するナチズムの態度は，ほとんどレスペクタビリティ

の戯画であった。だが現実には，男性同盟には家族を破壊し，レスペクタビリティに基づく正常な性関係を脅かす可能性があったのだ。男性同盟は，男同士の精神的愛／友情の共同体を強調し，男女の絆を重視せずに，女性を聖女か肉体のみとみなしていたのである。

　ナチズムは男女有別主義者であり，男女の性別役割分業が温存されていた。性別分業は自然の摂理であった。アウトサイダーはこの自然の摂理が理解できないとされたのだ。そして伝統的なレスペクタビリティの理想はナチズムの独創だと主張されたのである。性別分業は中産階級的価値観の核心であった。

　この自然の摂理に対する真の脅威は，男性同盟の中に潜在的にあったホモエロティシズムであった。このホモエロティシズムはレスペクタビリティと対立する危険があったのだ。ナチズムとレスペクタビリティの提携関係は破綻の危機に直面した。その中でナチズム政権はレスペクタビリティを保護し，逸脱したポルノや同性愛を禁止する法令を出す選択をしたのだ。同性愛は「自然に反した過ち」とされたのである。もっとも，ナチズムは，母親役割を期待された女性に対しては，堕胎を摘発したが，レズビアニズムに対してはなんら法規制を施さなかったのだが。

　同性愛は，ゲルマン民族の滅亡を意味するがゆえに，最も重い犯罪とされた（ゲルマン人にとっての統治の常態は「男性国家」であったが）。すなわち同性愛者には，レスペクタビリティに基づいた性別分業を破壊するという脅威があったのだ。こうした同性愛の定義は，性行為の実践を超えて拡大解釈されていった。同性愛は本質的に反社会的であり，人格全体の崩壊に瀕する伝染病とみなされたのだ。同性愛者はドイツ人の美徳と作法への敵対者（アウトサイダー）となったのである。

　「男性国家」は男らしさの理想に基づくナショナリズムの象徴であった。しかしこの「男性国家」には，レスペクタビリティへの脅威が内在していた。そのことはセクシュアリティを超克しようとする意図において再発見された身体への態度に見て取れる。「裸体」がナチズムの活力のシンボルとなっていったのだ。もっとも，性別分業を危機に陥れるとみなされた裸体主義は禁止されて

いたが。

　このナチズムの「裸体」からはセクシュアリティやエロティシズムが剥ぎ取られていた。「裸体」はあるべき正常な国民的ステレオタイプとしてのみ提示されたのだ。「裸体」にはナショナリズムとレスペクタビリティのための男らしさのシンボリズムが総動員されていた（そして女性性は男性的価値観を破壊する危険があるとみなされており，女性の裸体像は男性のものに近づけられていた）。

　ところが，男性の同志愛／友情を強調する男性同盟には，ホモエロティシズムの要素があったことは否めない（そして確かに，ホモエロティシズムとホモセクシュアリティを区別するはできるのだ）。このことはナショナリズムとレスペクタビリティ（市民的価値観）にある種の緊張関係をもたらすものであった。その結果，自己保全のために，レスペクタビリティのアウトサイダーである同性愛に対するナチズムの過剰な弾圧というセクシュアリティが構成されたのである。

7－6　現代社会のレスペクタビリティ

　ナチズムの時代と同様に，レスペクタビリティは，現代社会の作法や道徳や慣習も決定している。確かに，現代ナショナリズムはこのレスペクタビリティを支えるのに重要な機能を果たしてはいないと一見感じられる。しかし国民のステレオタイプは依然としてこうしたレスペクタビリティに基づくジェンダーや身体やセクシュアリティや自然観を反映したものなのである。

　レスペクタビリティとナショナリズムは，市民社会の確立と共に定着した。レスペクタビリティの支柱にはナショナリズムが組み込まれていたのだ。そしてレスペクタビリティ（自制，純潔，男らしさ）は市民社会全体を統合する力になった。それは中産階級の道徳体系なのである。

　社会主義もレスペクタビリティを支援したようだ。幸福な家庭生活や男らしさと女らしさの性差および中庸の精神が理想化されていたのだ。実のところ社会主義道徳は中産階級の道徳と同一視されていたのである。

レスペクタビリティとナショナリズムの帰結によって，社会規範の外のアウトサイダー（異常者／逸脱者／倒錯者／犯罪者／同性愛者）は社会や国民から排除された。アウトサイダーは排斥されないためには参入の代価（たとえば自己のステレオタイプ化）を払わなければならなかったのだ。

　ナショナリズムはレスペクタビリティの理想型を確定するのに貢献したのみならず，市民道徳の世界から抜け出す経路を塞いでもいた。ナショナリズム（国民意識）とレスペクタビリティ（市民道徳）に現代社会の態度は大きく規定されているのだ。レスペクタビリティこそが，社会生活を営む前提条件を構成するものなっている。それは，社会に不可欠な凝集性をもたらすものだ。レスペクタビリティは現代社会に共通の道徳となっているのである。

7－7　ポスト・ナショナリズムのセクシュアリティ

　モッセによれば，18世紀末に出現したナショナリズム（国民主義）は，19世紀に主流となった市民階級の価値観・道徳としてのレスペクタビリティと提携関係を形成していたのである。このレスペクタビリティは，セクシュアリティ概念を統制・支配していた。ナショナリズムの美学は，新しいジェンダー理念を通じて，セクシュアリティを取り込んだレスペクタビリティを擁護していたのだ。かくしてナショナリズムとレスペクタビリティによってセクシュアリティが規定されたのである。（図表7－1参照）

　レスペクタビリティの作法と道徳の基本は，正常と異常，美徳と悪徳の区別であった。ナショナリズムは，こうしたレスペクタビリティの理念を採り入れて，国民的ジェンダーのステレオタイプ（男女有別）を作り上げたのだ。そしてこのレスペクタビリティの理念の中には，セクシュアリティ（特に同性愛）の抑制が含まれていた。市民社会の確立と共に出現したナショナリズムとレスペクタビリティの提携は，今や社会全体の態度を規定する理念となっているのである。

　このように考えてくると，ナショナリズム（国民主義）とレスペクタビリテ

図表7－1　近代社会のナショナリズム・レスペクタビリティ・セクシュアリティ

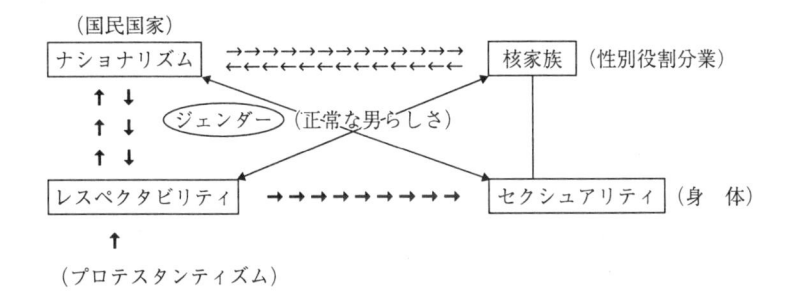

```
（国民国家）
ナショナリズム ⇄⇄⇄⇄⇄⇄⇄⇄⇄⇄ 核家族 （性別役割分業）
  ↑↓    ジェンダー（正常な男らしさ）
  ↑↓
  ↑↓
レスペクタビリティ →→→→→→→→→ セクシュアリティ （身　体）
  ↑
（プロテスタンティズム）
```

ィ（市民道徳）の規定を超えたセクシュアリティは想定不可能のように思われるだろう。ナショナリズムは，レスペクタビリティを擁護しており，レスペクタビリティはナショナリズムに正常な国民のステレオタイプを提示している。このレスペクタビリティは，セクシュアリティ概念も統制しているのだ。セクシュアリティは，ナショナリズムとレスペクタビリティに完全に包囲されているのである。

　こうしたモッセの議論の大前提は，ナショナリズムが近代最強のイデオロギーであるということである。このナショナリズムがレスペクタビリティと提携関係を結んできたのだ。また，このレスペクタビリティがセクシュアリティを定義しているのである。

　このような前提は，われわれに絶望と希望を与えてくれるものである。つまりナショナリズムが近代最強のイデオロギーのままであるならば，結論としてセクシュアリティの（抑圧的）構成も現状のままであるだろう。要するに絶望的なセクシュアリティ概念が歴史帰結なのである。しかしながら，ナショナリズムが近代最強のイデオロギーでないと考えられるならば，われわれは別の歴史的帰結をセクシュアリティ概念について抱くことができるのである。

　たとえば，ナショナリズムを前提にするのではなく，何らかの形で，ポスト・ナショナリズムの状況を考えることが可能ならば，それによってセクシュアリティ概念が今ある歴史的帰結とは異なるものとなる可能性について考える

ことができるだろう。ポスト・ナショナリズムとレスペクタビリティの関係は，ナショナリズムとレスペクタビリティの提携関係とは，異なったものになるであろう。そしてレスペクタビリティのセクシュアリティの定義も異なったものになるだろう。

　仮にポスト・ナショナリズムとレスペクタビリティがセクシュアリティを規定するにしても，そのセクシュアリティ概念は今あるセクシュアリティとは異なったものになるはずである。ポスト・ナショナリズムのレスペクタビリティは，異なったセクシュアリティ概念を提示するだろう。そして時代の現実は，ポスト・ナショナリズムの社会的条件を現実のものとして展開し始めているのだ。今やポスト・ナショナリズムとセクシュアリティの関係について考察を始める可能性がでてきたのだ。ポスト・ナショナリズムとレスペクタビリティの関係の中で，セクシュアリティ概念について新たに考察を始める準備ができたのである。

【参考文献】

(1) 井上俊ほか編（岩波講座・現代社会学10）『セクシュアリティの社会学』岩波書店，1996年．
(2) 上野千鶴子『ナショナリズムとジェンダー』青土社，1998年．
(3) 小田亮『性（一語の辞典）』三省堂，1996年．
(4) T. キューネ編（星乃治彦訳）『男の歴史：市民社会と〈男らしさ〉の神話』柏書房，1997年．
(5) 鈴木裕子『戦争責任とジェンダー：「自由主義史観」と日本軍「慰安婦」問題』未来社，1997年．
(6) R. ハイアム（本田毅彦訳）『セクシュアリティの帝国：近代イギリスの性と社会』柏書房，1998年．
(7) C. パウル（イエミン恵子／池永記代美／梶村道子／ノリス恵美／浜田和子訳）『ナチズムと強制売春：強制収容所特別棟の女性たち』明石書店，1996年．
(8) M. フーコー（渡辺守章訳）『性の歴史：知への意志』新潮社，1986年．
(9) 藤目ゆき『性の歴史学：公娼制度・堕胎罪体制から売春防止法・優生保護法体制へ』不二出版，1997年．

⑽　牟田和恵『戦略としての家族：近代日本の国民国家形成と女性』新曜社，1996年。
⑾　G. L. モッセ（佐藤卓己／佐藤八寿子訳）『ナショナリズムとセクシュアリティ：市民道徳とナチズム』柏書房，1996年。

第Ⅲ部
日本社会と男女

第8章
ナショナリズムとジェンダリズム
― ポスト・ナショナリズムに向けて ―

8-1 はじめに

　現在の大学のカリキュラムでは「ジェンダー論」(のような科目)を履修しない学生もたくさんいると思う。おそらく「ジェンダー」とは何かを理解せずに大学を卒業する学生が多数なのだろう。私は，大学学部の教養科目の1つとして「ジェンダー論」という授業も担当し，そのシラバスの授業概要に，次のような文章を書いている。

　　「ジェンダー」とは，性別（男女の区別）のことですが，なぜジェンダーというカタカナ用語を使うのでしょうか？　それは，あなたが今，頭に描いている「性別」についての考え方（たとえば女や男あるいは男女関係や性関係，恋愛やセックスや結婚などなどについての考え方）を，当たり前のこととか，自然なこととか，当然のことだとして自明視するのではなく，それとは別様の見方で理解するためなのです。性別現象を「ジェンダー」の視点から見直して，いろいろと性別にかかわる事柄をとらえかえしてみませんか？　「ジェンダー」という概念をあなたの頭の中の辞書に入れて，ものごとをみてみると，性別と無関係だと思っていた事柄も，今までとは別様にみえてくるし，性別自体の考え方が変わってくるかもしれません。そうすると，あなたの人間観・世界観・人生観が格段に広がることでしょう。そのための第一歩を踏み出す「知識」を講義したいと思います。

　つまり，ジェンダーとは性別（男女の区別）のことなのだが，実はみなさん

が今考えている自明視された性別観とは別様に理解されたもののことなのである。別様な性別観といきなりいわれても何をいわれているのかよく分からない，というのが正直なところだろう。なぜ，改めて「当たり前」のことを考え直さなければならないのかわからないし，別に今の性別のとらえ方で不自由していないし，わかりきったことを建前的に教わる必要もないし，性教育を今さら受ける気もないし，性のことなら（誰かにいわれなくても）もう十分知っているし，実際に男女のセックスのことなら体験しているし，大学生にもなって先生から習うことでもないでしょう，と思っている学生が多いことだろう。実際に「ジェンダー論」(のような科目）を卒業までに履修する学生は，全体からすると少数派にすぎないのである。

「ジェンダー論」の授業の第1回目のガイダンスの後，第2回目の授業で，私は次のような「とぼけた」質問を受講生にすることにしている。

あなたは女ですか？ (Yes or No)
それはなぜですか？
あなたは男ですか？ (Yes or No)
それはなぜですか？

これらの質問は，学生たちにとって答えるのに相当面食らう質問のようである。なんでこんな当たり前のことを訊くのだろう，というのが最初の反応のようである。その次に，「なぜ？」なんて問われても，当たり前すぎて理由なんてないし，ずっと前からそう思ってきたし，この先生バカなんじゃないの，でも先生だし，授業の中で訊かれているから，仕方がないのでまあ適当に答えておこう，と考える学生が多いようだ。とはいえ，結果的に学生たちは何らかの答えを出してくる。興味深いのは，一見さまざまな解答が出てくるようにみえても，結論として出てきた答えは非常に似通っているということである。

無自覚に当たり前だから，自然にそう思っているから，生まれつきそうだから（自然主義的解答），体つきから，性器がそうだから（生物学的身体・生殖器中心主義的解答），子どもを産めるから，産めないから（有性生殖中心主義的解答），男でないから，女でないから（男女二元主義的解答），男が好きだから，女を好

きになるから（異性愛中心主義的解答），女らしい（男らしい）性質があるから（同語反復的解答）といったところが最大公約数的解答になっている。

8－2　ジェンダーとしての「性別」観

　ここで問題にしたいのは，なぜこのような最大公約数的な「性別」観が多くの学生たちに共有されているのかということ自体である。通常のは，それが「自然」だからという答えに集約される。性別・男女とは，そもそもそういうものだし，大昔からそうだし，それ以外に答えはないということだろう。これは，性別に関する「永遠の真理」だし，人類の創世期から未来永劫にわたる普遍的本質なのだと。つまり学生たちがもっている「性別」観は，自然な真理の反映であり，（男女）性別とは，それ以上でもそれ以下でもなく，特別に改めて考えるべきものではないというものである。

　本章で，考えたいことは，このような「自明な」解答とは異なったことなのだ。多くの学生たちが自明視している最大公約数的な「性別」観（ここでは内容的に「男女二分法」と名づけておく）は，その成立自体が近代社会の成立と関連しているということを話したい。特に近代における国民国家の成立と「男女二分法」の密接な関係を考察してみる（「男女二分法」的な性別観とは，性別が明確に男と女に区分され，男には男の，そして女には女の，独自の根拠があって本質的に区別されるという性別観のことである。男とは〜であり，女とは〜であると断定的な区別が成立しえるという性別観である。つまり男と女は決定的に区別可能な性質・本質をもつ存在であるという性別観のことである）。

　多くの学生たちにとって，自分の「性別」観が近代社会や国民国家の成立と関係しているという話は，荒唐無稽で，落語の三題噺に聞こえるというかもしれない。そもそも「性別」などというものは，社会とか国家とかのあり方とまったく関係なく，どんな時代や社会や文化でも同一であり，不変な身体現象であり，違いなどあるはずがないと思っていることだろう。だからこそ，変な話だなあと，怪訝に思う学生も多くいるはずだ。しかしながらここで考察したい

のは,「性別」を含めて,現代社会が自明視している多くの現象が世界史に登場するのは,近代社会や国民国家の成立以降だということなのである。

8－3　近代社会の成立

　世界史において,近代社会の成立の契機となる出来事は,(通説に従えば)市民革命と産業革命ということになる。この節では,男女二分法的性別観の登場を見るために,市民革命によって近代国民国家が形成された経緯を簡単に振り返っておくことにする。人類史・世界史において,近代社会・近代主権国家が確立したのは西ヨーロッパである(日本でもアジアでもないことを明記しておこう。こうした現象が全世界に拡大していったのが「近代」という時代なのである)。

　16世紀からの18世紀のヨーロッパの絶対主義(絶対王政)の時代は,ローマ教会の教皇やハプスブルク家の神聖ローマ帝国の皇帝の勢力が衰退し,代わって個々の主権国家の国王＝君主の勢力が強力になった時代である。ヨーロッパという世界の秩序は,政治主体となる主権国家を単位として形成される国際的な(international:国家と国家の間の)秩序になっていったのだ。近世ヨーロッパの国際秩序の基盤は,個々の主権国家が併存し,国際政治(諸主権国家間の政治)が展開する主権国家体制なのである。

　キリスト教の新旧派の対立として始まった三十年戦争終結のためのウェストファリア条約調印(1648年)の後,ヨーロッパでは絶対王政による主権国家(中央集権国家)体制が拡大してゆき,世界秩序としての主権国家間の国際関係が複雑に展開していった。主権国家とは,国家がその領土およびその領土内のあらゆる人民を統治する絶対的権力＝主権を有する国家のことだ。絶対主義の君主政＝絶対王制の登場と共に,国家が主権国家となり,国際政治(世界秩序)の主体となったのである。

　主権国家体制の中で登場してきたこうした国家が,近代国家として完成するのは,主権国家が国民国家としての体裁を整えた後のことである。絶対王制の成立後も,国内の人々は身分制秩序の下で生活していた。人びとは,職能・地

域・身分ごとにさまざまな生き方をしており，こうした人びとを「国民」として同質的に国家に結びつけるには，絶対主義国家は「市民革命」を経る必要があったのだ。そして近代国家は自らを「国民国家」として成立させるために，同質の「国民」概念を創出する必要に迫られたのである。

近代の「国民国家（nation-state）」とは，国家への同一化という共通のアイデンティティを有する人びとを「国民」（nation）としてまとめる国家のことを意味している。諸身分からなる人々を「国民」として統一するために援用された概念が「（単一）民族」という考え方だ。英語や仏語のnationという言葉は，そのような概念が含意された用語なのだ。つまりnation＝国民＝民族ということになる（こうした国民国家のモデルが世界に広まり，日本も含めて多くの国家がこれにならうのが「近代」という時代なのである）。

では「国民」概念の登場を理解するために，市民革命の代表例とされる18世紀のフランス革命（1789年）の経緯を具体的にみていくことにする。市民革命とは，封建制（領主制）や身分制を基本とする絶対王制＝旧制度（アンシャン・レジーム）を打破し，自由・平等・友愛の革命理念と共に，政治的・経済的権利を掌握したブルジョア革命のことである。そしてフランス革命は，資本主義社会・市民社会・近代国家の成立の契機となったとされているのである。

貴族からの圧力で1789年5月に国王（ルイ16世）が，175年ぶりに召集した全国「三部会」（聖職者・貴族・平民の3身分の代表からなる）において，人口の98％を占める第三身分（平民）は，三部会を「国民議会」と称することを提案した（第三身分の九割は農民であり，その他に都市の下層民衆そして台頭してきた商工業ブルジョワジー（上層市民）がいた）。そして国王の承認の下，3つの身分からなる「憲法制定国民会議」も成立していた。だが，凶作によるパンの値上がりに苦しむパリ民衆が蜂起して7月14日に絶対王政の圧制の象徴とみなされたバスティーユ牢獄を襲い，各地で農民が蜂起して，革命が始まったのだ。そして国民議会は8月4日に封建制の廃止を決議し，26日には「人権宣言」を採択し，革命の理念が明らかにされた。10月のヴェルサイユ行進によって王権と議会がパリに移された。そして1791年に91年憲法（立憲君主政）が公布さ

れ，納税額による制限選挙が実行された。国王一家の逃亡事件の後，反革命派が一掃され，1792年に王権が停止され普通選挙によって「国民公会」が招集され，共和政の樹立が宣言された。そして1793年に国民公会は裁判のうえ，ルイ16世を公開処刑にしたのだ。この間にフランス周辺諸国は，第一次対仏（反革命）大同盟を結成し，フランス革命への干渉戦争に発展していった。この後，ジャコバン派の恐怖政治，テルミドールの反動（クーデタ），ナポレオン帝政の成立と続くが，とりあえずは以上がフランス革命の概略であろう。

8－4　国民国家と性別

次にフランス革命という市民革命の原理・理念を表明した「人権宣言」をみることで，この宣言に内包されている「人間」観を検討してみる。通常は，この宣言は人間の自由平等（基本的人権），主権在民（国民主権），私有財産（所有権）の不可侵をうたっていると理解されている。

第1条　人は，出生および生存において自由および平等の権利を有する。社会的な不平等は，公共のため以外に作ることはできない。

第2条　すべての政治的結合の目的は，人の天賦かつ不可譲の権利を保持することにある。これらの権利は，自由，所有権，安全および圧制にたいする反抗である。

第3条　全主権の淵源は，必ず国民に存する。如何なる団体も，如何なる個人も，国民より出でない権力を行使することはできない。

（以下略）

フランス革命は，国民国家（＝共和国）の理念を鮮明にし，また普遍的な「人権」思想をうたった革命であった。啓蒙思想の中心地であったフランスにおける革命思想には，普遍的な人間解放思想がもっとも明確に表現されており，その後の多くの（日本国も含めた）近代国民国家の憲法に大きな影響を与えた。人権宣言は「人間および市民の権利の宣言」（Déclaration des droits de l'homme et du citoyen）と題され，前文と十七条からなっている。「生まれながらの自

由」「権利の平等」「法律の前での平等」「思想・言論の自由」「国民主権」など近代社会の基本的人権の思想（人間観）が表明されているのだ。そしてこの思想は，約150年後の1948年の国連の「世界人権宣言」や1966年の「国際人権規約」に踏襲されている。

　ここに表明されている人間観は，まさに普遍的な人権思想の人間観であり，その後の近代社会が理念とする人間像が記述されている，と多くの人は考えるであろう。しかしながら，この「人権宣言」にうたわれている人間の中に，ある特定の存在が当然のように排除されていることを見抜いた人がいた。ここで提示されている人間には，文字通りとは違って，実は額面通りにすべての人間が含まれていたわけではないのだ。では一体どのような存在が自動的に排除されていたのだろうか。

　このことを見抜いた人の名は，マリー・オランプ・ドゥ・グージュ（Marie Olympe de Gouges, 1748-1793）。肉屋の娘として生まれた彼女は，パリで劇作家として活躍していた。フランス革命時は41歳であった。グージュは政治集会に積極的に参加し，1791年に「女権宣言」として知られる「女性および女性市民の権利宣言」（Déclaration des droits de la femme et du citoyenne）を起草したのだ。このことは何を意味しているのだろうか。彼女は，フランス人権宣言の「人間」の中には，「女性」という存在が実質的に含まれていないことに異議申し立てをしたのだ。人権宣言の中の人間（l'homme）や市民（citoyen）は，フランス語では l'homme＝男性人間，citoyen＝男性市民を意味しており，実質的に la femme＝女性人間やcitoyenne＝女性市民は排除されてしまっているのだ。だからこそ「人間および市民の権利の宣言」からは実質的に排除されてしまっている「女性人間および女性市民の権利の宣言」を，改めて主張したのである。しかし当時，グージュは，（他の活動も含めて）反革命を扇動したとして逮捕され，「人民主権侵害罪」のかどで処刑されてしまったのだ。「女性にふさわしい徳を忘れた」人としてレッテルも貼られたのである。

　では一体ここで，何が問題提起されていたのだろうか。実は，国民国家の形成過程において，「人間」の中から「女性」が自動的に排除されてしまってい

たことに対して、注意を喚起したのだ。たとえば、先ほどみてきた1792年の「国民公会」の普通選挙は、当然のことのように男子普通選挙のことを意味していた。普通選挙（選挙権に制限的要件のない選挙）とはいいながら、対象者は男性全員であり、女性はすべて排除されていたのだ。こうした男女二分法の性別観が生起するのが、近代社会・国民国家の特徴なのだ。興味深いことは、たとえば三部会のような革命以前の身分制における選挙（制限選挙だが）においては、貴族階級の一部の女性には選挙権が与えられていたという事実だ。つまり女性という理由で、貴族女性が選挙権をもてなかったということはなかったのだ。ところが、国民国家の形成時に、たとえば国民議会においては、女性は女性だからという理由で、男性には付与された権利が付与されないということが当然のように行われていたのだ。このような国民＝人間から女性を排除し、人間＝男性と考える性別観は、現代からみると非常に特殊なものに思えるが、近代社会ではこうした考え方が当然視され、性別観・男女観が形成されていたのだ。少なくとも、近代政治という公領域における人間観から「女性」の存在は当然のごとく排除されていたのである（この他に、排除された人間として「黒人」「労働者」などがいる）。

　だが、このような性別観・男女観は、普遍的なものではない。なぜなら革命以前には存在せず、近代の国民国家の形成時において自明な「性別」観として成立したものだからだ。一般的な「人間」「市民」「国民」概念が成立する際に、その前提的本質として、男女二分法的性別観がそこに暗に含意されてしまったのだ。問題なのは、これが近代社会以降の自明視的な性別観の原型になってしまったことである。

　男女二分法的性別観では、すべての人＝国民は、男か女に二分化され、男＝人間＝国民となり、ゆえに女≠人間となり、女性は公的人間＝男性に従属する（家庭を守る）本質を有するとされたのだ。18世紀・19世紀に発生したこのような男女観は20世紀の近代国家においても踏襲され、日本でも未だみられる性別役割分業（男は仕事、女は家庭）の男女観に引き継がれているのだ。

　実は言葉の厳密な意味でのフェミニズムとは、（無知や誤解を解くならば）こ

のような近代社会の性別観・人間観に対する異議申し立ての思想・運動のことである。フェミニズムとは，近代社会の性別観の誕生とともに（それへの対抗として）生起し，18世紀の市民革命・国民国家の成立にまで遡る思想であり，近代の市民革命の理念に対する根本的な批判運動のことである。フランス革命の最中に女性たちは大きな役割を果たしていた。女たちも，男たちと同様に，さまざまな集会や政治クラブに参加し，政治をめぐって議論もしていた。たとえばヴェルサイユ行進で蜂起したのはパリの女性たちであった。ところが国民国家の形成の過程で，たとえば普通選挙権が与えられたのは男性のみであり，女性の参政権は奪われたままであった。こうした背景において最初のフェミニズムの体系的な著書は，メアリー・ウルストンクラフト（Mary Wollstonecraft）の『女性の権利の擁護』（1792年）と考えることもできる。この著書の中で彼女は，啓蒙思想家のルソーの『エミール』を批判し，女性の経済的自立・教育権・参政権の必要性を説いている。その後，女性参政権（婦人参政権）問題として展開したフェミニズム運動の成果が表れるのは，つまり女性参政権が獲得されるのは，フランスにおいては1944年だ。フランス人権宣言から155年後のことである。

8－5 ポスト・ナショナリズムの性別観に向けて

国民国家を成立させた近代社会においては，以上でみたような性別観（つまり政治・経済という公領域における人間は男性のことであり，女性は家庭領域にいる存在という男女二分法的性別観）が一般的なものとなり，自然で当たり前の性別観になっていった。このことは国民国家を成立させた日本社会（明治政府）においても踏襲されている。つまり，日本社会の多くの人が抱いている自然な性別観は自明のものではなく，近代社会・国民国家の成立と密接な関連をもつ現象なのだといえるのである（こうした「性別」の見方を，ジェンダーの視点という）。

このように，近代社会・国民国家の成立と性別観の連動を理解するなら，国民国家のあり方が変われば，性別観も変容する可能性があることも理解でき

だろう（逆も真なり）。そこで「国際学入門」のテーマの1つである「グローバリゼーション」を，広い意味で脱国民国家の運動ととらえるならば，グローバリゼーション現象の提起する問題（の1つ）に，脱国民国家の枠組みから性別観を再考することがあるといえる。脱国民国家の枠組みとは，国民国家単位の枠組みではなく，国家間の境界線を越える枠組みのことである。つまり国民国家の前提を相対化し，再構築する枠組みのことである。通常の国民国家の前提（ナショナリズム）は，単一民族主義，単一言語主義，単一文化主義，単一歴史主義，中央集権主義，男女二分法などの国民国家観である。それに対して，脱国民国家の枠組み（ポスト・ナショナリズム）には，多民族主義，多言語主義，多文化主義，地方分権主義などの人間社会観がある。明治以降，国民国家の枠組みを成立させた日本も，こうした「グローバリゼーション」の展開の中で，脱国民国家の方向に向かわざるを得ない時代に入っているようだ。こうした時代には，男女二分法的性別観の変容ということも生起するだろう。現代日本社会が脱国民国家の方向に変容するということは，おそらく日本国民＝日本人主義を相対化することが要請されるだろう（今は日本社会における日本「国民」概念の代名詞が「日本人」となっているのだ）。こうした変容を考えると男女二分法的性別観にも変化が生じることになるだろう。逆にいえば，男女二分法的性別観が変容するには，「日本人」主義を相対化することも必要になるのだ。21世紀の日本社会の人びとには，脱「日本人」，脱「国民」，脱「男女二分法的性別観」に向かうのか否かということが問われているのである。

【参考文献】

(1) オリヴィエ・ブラン（辻村みよ子訳）『女の人権宣言―フランス革命とオランプ・ドゥ・グージュの生涯―』岩波書店，1995年。
(2) メアリ・ウルストンクラフト（白井堯子訳）『女性の権利の擁護―政治および道徳問題の批判をこめて―』未来社，1980年。
(3) 安達みち代『近代フェミニズムの誕生―メアリ・ウルストンクラフト―』世界思想社，2002年。
(4) アイリーン・J・ヨー（永井義雄・梅垣千尋訳）『フェミニズムの古典と現代―蘇る

ウルストンクラフト―』現代思潮新社，2002年。
(5) ルソー（今野一雄訳）『エミール』（上中下）（岩波文庫）岩波書店，1994年。
(6) 水田珠枝『女性解放思想の歩み』（岩波新書）岩波書店，1983年。
(7) 水田珠枝『女性解放思想史』（ちくま学芸文庫）筑摩書房，1994年。
(8) 西川祐子『近代国家と家族モデル』明石書店，2000年。
(9) 氏家幹人・桜井由幾・谷本雅之・長野ひろ子編『日本近代国家の成立とジェンダー』柏書房，2003年。
(10) 上野千鶴子『ナショナリズムとジェンダー』青土社，1998年。
(11) 江原由美子編『性・暴力・ネーション―フェミニズムの主張（4）―』勁草書房，1998年。
(12) M. ミース・C. V. ヴェールホフ・V. B. トムゼン（古田睦美・善本祐子訳）『世界システムと女性』藤原書店，1995年。
(13) タトル・リサ（渡辺和子監訳）『(新版) フェミニズム事典』明石書店，1998年。
(14) ユギー・ハム（木本喜美子・高橋準監訳）『フェミニズム理論辞典』明石書店，1999年。
(15) ジェネット・K・ボールズ，ダイアン・ロング・ホーヴェラー（水田珠枝・安川悦子監訳）『フェミニズム歴史事典』明石書店，2000年。
(16) ソニア・アンダマール，テリー・ロヴェル，キャロル・ウォルコウィッツ（奥田暁子訳）『現代フェミニズム思想辞典』明石書店，2000年。

第9章
「ジェンダーと開発」論における女性概念について

9－1 「開発」問題

　1960, 70年代は経済成長第一主義の開発，生産性向上主義の開発の時代であった。しかし70年代後半からは，経済成長第一主義に対してアンチテーゼが主張されるようになった。地球環境問題，地域住民運動，生活の質，南北問題などの観点から開発の問題が提起されるようになったのだ。その中で開発途上国の発展と地球環境の保全の折り合いという問題は，地球規模問題の中でも最も重要なものの1つとなっている。「環境と開発」の問題提起から人間主義の「社会開発」の視点を経て，「開発」問題は「貧困」問題に焦点を合わせてきている。そうした中で「人間開発」という概念が国際的に流通してきた。さらに「人間開発」概念の発展としてジェンダー平等の視点が注目されてきた。確かに1970年代から「WID開発と女性」アプローチが推進されてきていたのだ。そして1990年代になるとWIDアプローチに代わってGAD「ジェンダーと開発」アプローチが提唱され，「ジェンダーの主流化」が取り組まれてきた。本稿は，こうしたGADおける女性概念の問題点を検討する試みである。

（1）「持続可能な開発」
　1984年に国連に設置された「環境と開発に関する世界委員会（WCED）」（座長のノルウェーの女性首相に因んで，通称「ブルントラント委員会」）の報告書Our Common Future 1987（『地球の未来を守るために』）では，環境と開発は相反するものではなく，開発は環境という土台の上に立つものだとされ，持続的な発展には環境の保全が必要不可欠であるとする「持続可能な開発Sustainable Development（SD）」の概念が提唱された。そこでは「貧困」問題と「環境

容量」問題が留意されていた。「持続可能な開発」概念のベースは，1980年にUNEP（国連環境計画）とIUCN（国連自然保護協会）とWWF（世界自然保護基金）の提出した「世界環境保全（conservation）戦略」であった。

「かけがえのない地球（Only One Earth）」をスローガンに環境問題が議論された1972年の「国連人間環境会議」（於スウェーデンのストックホルム）から20年後の1992年にリオデジャネイロで開催された「国連環境開発会議（UNCED）」（「地球サミット」）における「リオ宣言」「森林原則宣言」「アジェンダ21」以降，「地球環境」ということも一般に語られるようになった。「リオ宣言」（環境と開発に関するリオ宣言）では，地球規模の環境および開発のシステムの一体性を保持する国際的合意に向けて，「人間が持続可能な開発の中心にある」ことを第一原則に掲げたのだ。「アジェンダ21」とは，21世紀に持続可能な開発を実現させることを目指す地球規模の行動計画のことである。1993年には国連に，アジェンダ21の実施状況を検証するために「持続可能な開発委員会（CSD）」が設置された。

他方で，1995年にコペンハーゲンで開催された国連主催の「社会開発サミット」では，「人間中心の社会開発」の推進が提唱され，環境・開発・人権・貧困・人口・平和などが問題群として認識されるようになった。2002年にヨハネスブルグで国連主催の「持続可能な開発に関する世界首脳会議」（ヨハネスブルグ・サミット）が開催された。このサミットは，地球環境問題の解決の具体化の阻害要因である「貧困」問題に焦点をあてた「環境と開発の会議」であった。

（2）新開発戦略

「人間を開発の中心におく」という1995年のコペンハーゲン「社会開発サミット」のコンセンサスは，開発問題に関する活動に大きな影響を及ぼした。経済協力開発機構（OECD）の開発援助委員会（DAC）は，1996年に，日本国のイニシアティブの下にまとめられた「新開発戦略」（OECD開発援助委員会報告書）を採択した。「新開発戦略」は，正式名称「21世紀に向けて：開発協力を

通じた貢献」といい，21世紀に向けての開発援助のあり方を具体的に示したものである。具体的数値開発目標として次のことが提案されている。

経済福祉
- 2015年までに極端な貧困の下で生活している人々の割合を半分に削減すること。

社会開発
- 2015年までにすべての国において初等教育を普及させること。
- 2005年までに初等・中等教育における男女格差を解消し，それによって，男女平等と女性の地位の強化（エンパワーメント）に向けて大きな前進を図ること。
- 2015年までに乳児と5歳未満の幼児の死亡率を3分の1に削減し，妊産婦の死亡率を4分の1に削減すること。
- 2015年を最終目標として可能な限り早期に，適当な年齢に達したすべての人が基礎保健システムを通じて性と生殖に関する医療保健サービス（リプロダクティブ・ヘルス・サービス）を享受できるようにすること。

環境の持続可能性と再生
- 2015年までに，現在の環境資源の減少傾向を地球全体及び国ごとで増加傾向に逆転させること。そのため，すべて国が2005年までに持続可能な開発のための国家戦略を実施すること。

こうした社会開発重視の新開発戦略は，1970年代のBHN（Basic Human Needs）開発戦略の再現であるが，その機能不全を踏まえて，開発に最も大きく貢献するのは途上国自身の人びとと政府であるとし，開発途上国・政府自身の自発的な取り組みと自助努力（オーナーシップ）と，途上国と先進国・国際機関の連携（パートナーシップ）という考え方に基づいている。目標達成のために次の3つの方法で支援することになっている。

- 第一に，開発のパートナーとの間でお互いの努力を約束し，適切な資源によってこの約束の履行を促進すること。
- 第二に，各国が策定する国別開発戦略を支援するため，援助協調を強化す

第9章 「ジェンダーと開発」論における女性概念について ●───157

ること。
・第三に，援助政策と途上国の開発に影響を及ぼすその他の政策との整合性の確保に十分に努めること。

このような考え方は，1995年にDACが採択した「新たな世界状況における開発パートナーシップ」という政策声明の中で提示されていたものである。開発成果をモニターするために，貧困削減・保健・教育・環境分野の基礎指標が提示されている。

日本国政府も，新開発戦略を21世紀の国際社会の開発協力の基礎だと認識し，その普及・理解促進・実施に努め，96年より開発戦略に関する国際会議を毎年開催している。さらに97年にはオランダ政府と共催でハーグで「新開発戦略会合」を開催し，98年にはオランダ政府・UNDP共催で，貧困削減に焦点化した「貧困削減戦略会合」を日本で開催した。また，アフリカ開発においても新開発戦略を実現するために，98年に「第2回アフリカ開発会議」を東京で開催し，具体的な「行動計画」を採択した。なお，2000年までの『我が国の政府開発援助』は，2001年版より『政府開発援助（ODA）白書』として，そして下巻『政府開発援助（国別援助）』は『政府開発援助（ODA）国別データブック』として刊行されことになった。

21世紀になっても，10億人以上の人が「絶対的貧困」の中で暮らしている世界状況がある。そのような状況において，安全保障の面からも「開発」は解決すべき問題の1つとみなされている。また，途上国や社会の自助努力の下で，先進国からの開発援助は重要な補完的役割を果たしてきたという事実もある。

新開発戦略の貧困人口の半減という第1目標のゆえに，これまでのインフラ援助重視の方針が後退してきた。元来，貧困削減とインフラ援助は相互排他的なものではないのだが，先進国からの開発援助は貧困削減に傾きだしたのである。しかし途上国側では，インフラ援助なき貧困削減では有効な手段とならないことが明確になってきている。インフラ整備が不足している所では，貧困削減などの社会開発（特に持続可能な開発）はとうてい困難であるというのが現状である。途上国にとって貧困削減とインフラ整備は車の両輪なのである。

日本国政府のODA（政府開発援助）は，1993年以降，世界最大規模の支出総額であり，財政難の折からODA予算の大幅な削減は進むが，年間1兆数千億円を超える「ODA拠出超大国」である。日本政府の開発援助は，伝統的にインフラ整備重視だといわれてきており，さまざまな批判・問題点が挙げられている。無駄で有害なものであり，援助先の国の人びとには喜ばれず認知も感謝もなく，環境を破壊し，「箱もの」中心で，日本企業を利するだけであり，援助国は借金や外資依存を増やすのみだ，と。あるいは，大都市のインフラ整備が中心であり，貧しい村の人びとへは援助が届かず，伝統的な，質素で豊かな生活システムを破壊している，と。あるいは，予算編成メカニズムの複雑さや無償援助の少なさ，外交戦略理念のなさ，国益への無関心，腐敗政権への援助供与，公金横領疑惑，人権抑圧の手助け，ずさんな援助資金使用，日本国政府のODAシステムそれ自体の問題性などなど。

　こうした問題点を抱えている従来の日本国政府のODA政策は，早急に変更を要するものであろう。ソフトなき物的インフラ整備中心といわれる点を適切に是正することは是非とも必要なことである。ソフトの部分，たとえば戦略理念の構築・説明責任の実行・援助効果の検証などの不足の指摘が，そのままインフラ整備の不必要性を導くものではないはずである。これらの不足解消・是正は，インフラ整備支援の効果に有効なものであろう。インフラ整備重視から貧困削減重視へ方針の転換という二者択一ではなく，インフラ整備支援と貧困削減などの社会開発は，途上国の現状にとって車の両輪であるという事実は未だ至高の現実である。インフラ整備の最終目的は，被援助国の人々の生活の質の向上（貧困削減）なのであり，インフラ整備支援は，貧困削減と社会開発のためにも補完的機能を果たしているのだ。この点においても，インフラ整備のソフト面の是正は，日本国政府のODA政策の早急の課題となっている。

第9章 「ジェンダーと開発」論における女性概念について ●―― 159

9-2 「開発と女性」（WID）論の登場

(1) 国連開発計画

　開発途上国の経済的・社会的開発の促進を目的として，1966年に発足した国連機関である「国連開発計画（UNDP：United Nations Development Programme）」は，1990年から『人間開発報告書（Human Development Report）』を毎年，発行している。その中で，開発援助の目的を，ひとりでも多くの人が人間の尊厳にふさわしい生活ができるように手助けすることとしている。そして国ごとの開発の度合いを測定する尺度を指数化している。人間開発指数（HDI：Human Development Index）とジェンダー開発指数（Gender-Related Development Index）とジェンダー・エンパワーメント測定（GEM：Gender Empowerment Measure）である。HDIは，基本的な人間の能力がどこまで伸びたかを測るものである。GDIは，HDIと同じく基本的能力の達成度を測定するものであるが，その際，女性と男性の間で見られる達成度の不平等に注目したものである。GEMは，女性が積極的に経済界や政治生活に参加し，意思決定に参加できるかどうかを測るものである。

　人間開発という概念は，1992年のリオでの「国連環境開発会議」（「地球サミット」）や1994年のカイロでの「国連人口開発会議」，1995年のコペンハーゲンでの「社会開発サミット」を通じて国際的に流通してきたのだ。UNDPは現在，2015年までに貧困を半減することを柱とした国連システムにおけるミレニアム開発目標（MDGs）達成に向けて，1．民主的ガバナンス（統治），2．貧困削減，3．危機予防と復興，4．エネルギーと環境，5．情報通信技術（ICT），6．HIV/エイズの6課題（分野）に取り組んでいる。そして分野横断的課題として，人種やジェンダー（人権の保護，女性のエンパワーメントの啓発活動，ジェンダー平等の推進），南南協力の推進などにも取り組んでいる。1995年までは，人間開発指数（HDI）しかなく，一国内の男女格差や，女性差別，さらに女性の「人間開発」の遅れが表現されていないとの指摘があり，ジェン

ダー不平等の評価を含んだ指標が求められて作ったのが，GDIとGEMなのであった。

GDIの結果から，「女性と男性を同じように扱う社会はない」「ジェンダー平等は社会の所得水準に左右されない」「道のりはまだ遠い」という結論が導き出されている。GDIとGEMの比較から「GDI値が0.6以上の国は66カ国あるのに対して，GEM値が0.6以上の国は9カ国にすぎない」ことがわかったのだ。人間の基本的能力の開発は女性に関して不十分だし，エンパワーメントの分野で進歩が遅いことが指摘されたのである。

(2) 開発における女性

開発途上国の開発計画に女性の問題を取り込むことは，1950年代から現れ始めていたが，「開発と女性」(WID：Women in Development) という概念は，デンマークの経済学者E.ボズラップ (Ester Boserup) の『経済開発における女性の役割』(Women's Role in Economic Development. Allen & Unwin, 1971) で，開発が男性と女性に対してそれぞれちがった影響を及ぼしていると，最初に問題提起された。経済開発における技術の応用は男性に利益をもたらした一方で，経済開発全体における女性の貢献は過小評価されているのだ。それを受けてこの概念は国際開発学会などで1970年代に提唱されてきた（1974年には米国海外援助庁USAIDにWIDオフィスが設置されている）。

1970年以前には，女性に関する開発政策は，高度経済成長モデルに基づくものが主流であった。つまり，女性の役割は人口生殖における役割が中心であり，経済活動における生産者役割は視野に入っていなかったのだ。70年代の欧米の女性運動を背景に，1975年の国連婦人年に第1回世界女性会議が「平等・開発・平和」をスローガンにメキシコ・シティで開催され，1976-1985年を「国連女性の十年」と宣言していた。1979年には国連総会で女子差別撤廃条約（CEDAW）が採択された。その間に，開発途上国における女性が果たす役割に関する研究・調査の成果が現れてきた。その研究成果は，これまでの女性や母親や家庭・世帯に関する固定観念（一般認識）を覆すものであった。

第9章 「ジェンダーと開発」論における女性概念について

　こうした動きに刺激され，国際社会は，高度経済成長モデルを転換させ，経済開発における女性の貢献を再認識し，女性に焦点を当て，女性の実際的ニーズ（practical needs）へ対応し，女性を経済開発過程に「統合」することに主眼をおく「開発の中の女性（Women in Development：WID）」（「開発と女性」）アプローチを推進するようになったのだ。このアプローチは，80年代半ばまで女性と開発政策の主流だったのである。

　WIDアプローチの特徴は，「女性が経済開発に貢献できるにもかかわらず，これまでなおざりにされてきた」ことを反省して，女性を開発計画に組み込むことを政策の中心にしていることである。「開発には女性の参画が不可欠である」という認識を打ち出したのだ。途上国の開発援助は，地域の女性の役割や状況を十分に把握して推進していくという理念となったのだ。女性も開発の受益者としてだけでなく，有益な担い手として開発計画に組み込むことが開発援助にとって重要だという認識がなされたのである。国連OECDでも開発においてはWIDに留意することが重要だとみなされ，1983年には開発援助委員会（DAC）においてWID指導原則を採択した。1985年のナイロビでの第3回世界女性会議で，「女性の地位向上のためのナイロビ将来戦略」が採択されたのである。

　WIDアプローチの効果として，具体的政策においては，開発が女性に期待するものが焦点化された。実際には開発援助において開発途上国の援助受益者としての女性に焦点が当てられ，女性は，「男性よりも地位が低く，重点的に援助する必要のある対象」ととらえらえたのだ。だが，女性のみを分析・事業の対象にしており，女性を取り巻く家族・親族関係や地域社会，および力関係のある男女関係を規定している（男性中心の）社会関係・社会構造，の影響を捨象しており，女性の配偶者や親などに働きかけず，結果として女性の意思決定過程への参画も保障されることがなく，男性に対する女性の従属的地位・貧困化や固定的な性別役割分業の問題解消に至らなかったのである。社会構造のマクロレベルの制度の改革にはつながらなかった，という批判も出ている。

(3) WIDイニシアティブ

 1995年の第4回世界女性会議(北京会議)で,日本国政府は主席代表演説において「途上国の女性支援(WID)イニシアティブ」推進を発表した。しかし,この北京会議で国際社会において合意されたのは,1.すべての政策・事業にジェンダー平等の視点を取り入れること,2.あらゆる意思決定過程への男女平等な参加を保障すること,を「ジェンダーの主流化(Gender Mainstreaming)」と呼び,次節で述べるGAD(「ジェンダーと開発」)を達成することの重要性だったのである。この中で日本国政府のWIDイニシアティブは何を推進するつもりなのだろうか。

 それ以前に1992年の政府開発援助大綱において「開発への女性の積極的参加および開発からの女性の受益について十分配慮する」と明記している。開発援助案件においては「女性の参加と受益に配慮する」ように努めているのである。

 このイニシアティブでは,開発援助の中で,女性の地位向上と男女格差の是正に配慮して「教育」「健康」「経済・社会活動への参加」の3分野を中心に援助拡充に努力することが表明されている。具体的には,女性を主な対象とした職業訓練センターの建設,開発途上国の6歳から11歳までの学校教育における男女格差の解消,乳児死亡率の低下,女性が主たる受益対象となる案件(女性の経済的自立促進のための少額融資など)の実施などの支援に配慮しているのだ。

 1995年に日本国政府は,国連開発計画(UNDP)によるジェンダー平等化と女性のエンパワーメント推進の事業を支援するために,UNDP内に「日本WID基金(Japan Women in Development Fund:JWIDF)」を設立した。この基金の目的は,持続可能な人間開発と貧困削減のために,さまざまなプロジェクトを通じて,発展途上国の女性の経済的,社会的,政治的な地位を向上させ,能力を高めることにある。一年の拠出額は,約200万ドルである。さらに,UNIFEM(国連婦人開発基金)やその「女性に対する暴力撤廃のための国連婦人開発基金信託基金」,IFAD(国連農業開発基金)のWID基金などへ資金拠出

第9章 「ジェンダーと開発」論における女性概念について

をしている。

　日本国政府のWIDイニシアティブは，現在の国際的なジェンダー主流化への取り組みの中で，イニシアティブの重点3分野に援助が限定されている傾向があり，ジェンダー平等化とギャップが生じている面が大である。ジェンダー主流化を展開している国際状況からずれている可能性があり，GADイニシアティブの方向性をとる必要があるだろう。

9-3 「開発と女性」(WID) から「ジェンダーと開発」(GAD) へ

　1995年の第4回世界女性会議（北京会議）以降，ジェンダーの主流化という考え方が広まってきた。これは，「ジェンダーと開発」を開発の課題とし，ジェンダー平等を推進するための枠組のことである。つまり，すべての開発課題にジェンダー平等の視点を組み込んでいくことである。「ジェンダーと開発」(Gender and Development：GAD) とは，「当該社会のジェンダーやジェンダー役割分担や社会的，文化的に組み込まれたジェンダー関係を理解し，社会的に不利な状況にある男女双方が社会的な発言権を強めながら政治的・経済的・社会的な力をつける（エンパワーメント）ために，制度や政策を変革する開発を推進すること」である。経済開発援助計画においては男女の社会関係としてのジェンダーに目を向けることが提唱されたのだ。

　GADアプローチは，WIDアプローチの欠点を踏まえて展開されてきた。WIDが女性のみを対象としたのに対して，GADは男女の社会関係を視野に入れ，将来的には伝統的な社会構造・制度の変更も視野に入れている。社会において，既存の役割分業やジェンダー格差をもたらす要因を排除し，女性のエンパワーメントを進め，男女に不平等な社会関係を変革することを目指しているのだ。ジェンダー平等の達成を目的とし，男女が平等に開発過程へ参加できるようにあらゆる政策・制度を整備し，女性のエンパワーメントを目指すものである。GADアプローチは，ジェンダー平等を達成するため伝統的な社会・経済構造や社会制度や権力関係を批判することもある。それゆえに，既成の体

制・既得権益集団からは反対される可能性が大なのである。OECDのDACは1998年に「開発協力におけるジェンダー平等と女性のエンパワーメント指針」を採択している。日本のJICA（国際協力機構）は2003年に，第二次分野別ジェンダー・WID研究会研究会を設置し，『ODAのジェンダー主流化を目指して』という報告書を作成している。

　GADは，開発途上国の社会の男女の役割や性別（ジェンダー）に基づく課題やニーズを分析し，持続可能で公平な開発を目指すアプローチである。男女間の不平等や，男女を不平等な立場におく社会・経済構造を変革し，戦略的なニーズに対応し，とりわけ社会的に不平等な状況にいる男女が主体的に社会参画する力をつけること（エンパワーメント）を重視している。GADは，社会開発計画の全体を対象として，ジェンダーの相互関係に着目し，男女の力関係・役割などを開発援助に反映させようとするものなのである。女性が男性より低い立場にあり，そうした女性を対象としたWIDアプローチを実行するためにも，女性を取り巻く社会状況・地域・家族のジェンダーを把握したGADプローチが実践的には有効なのである。ジェンダー分析は，女性だけや，また男女の役割分業を分析するだけではなく，男女の社会関係を，年齢・世代・人種・民族・階層・階級などの社会構造とのかかわりにおいて分析することも含んでいる。ジェンダーは，単に男女のことでなく，社会・経済・政治・文化・歴史・生活のコンテクストと係わるものなのである。

　ジェンダー平等達成のためには，経済開発援助において，女性の役割と二種類のニーズを区別する必要があるといわれている。実際的ニーズ（practical needs）と戦略的ニーズ（strategic needs）の2種類である。実際的ニーズとは，「女性が社会的に受け入れている役割を通して気づくニーズである」。性別役割分業や社会における女性の従属的な立場から生じているものだが，それらを変えようと挑戦するものではない。たとえば，水の供給や保健衛生，雇用の確保といった不十分な生活環境ゆえに必要なものである。戦略的ニーズとは，「社会の中で女性が男性に従属する立場にあるために生まれたニーズで」ある。戦略的ニーズを満たすとは，女性が男性を平等の地位を得るということであ

る。また、現在の男女の役割分担を改め、女性が置かれている従属的地位を覆すことである。戦略的ニーズを満たすためには、既存の社会関係を問題化せざるを得ないのであり、政治関係・権力関係・社会関係への挑戦が含まれているのである（モーザ, pp.66-67）。

21世紀になり、国連などの開発援助機関は、WIDアプローチからGADアプローチへ方向を転換してきている。それらは、ジェンダー平等を達成する開発計画として、ジェンダーの主流化や女性のエンパワーメントを推進している。意思決定過程への男女の平等参画や、女性の地位向上のために、女性が社会的・政治的・経済的活動に参画するのに必要な知識や能力を身につけることを支援しているのだ。「ジェンダーの主流化」とは、GADの視点からジェンダー平等に開発（の企画立案・政策施行・事業展開）を進めるための枠組みなのである。「ジェンダーの主流化」は、開発援助事業と共に、援助機関や政府の組織内部でも行われるものである。既存の社会組織にはすでにジェンダー不平等が埋め込まれているので、単に「女性」のことを配慮するだけでは不十分となっている。既存の組織そのものを批判的に再構築する必要があるのだ。

9－4 「ジェンダーと開発」における女性概念

WIDからGADにアプローチが転換する背景には、次のような女性を取り巻く状況が現在、世界には存在しているようである。まず、地球人口60億人のうち約半分が女性である（一説によれば、女性が52％で男性が48％である）。人口性比（女性100人に対する男性の数）は、開発途上国で高く（インド・中国で106ぐらい）、先進国で低い（アメリカ合州国98、西ヨーロッパ95ぐらい、日本は96ぐらい）傾向がある。そして、世界人口の1／5、開発途上国人口の1／3が貧困層であると計算されている（貧困層とは1ドル／日／人の基準を満たせない人々のことである）。さらにこの全世界の貧困層の7割が女性であるという国連報告があるのだ。こうして女性は社会の周辺部分に追いやられ、不平等や不公正に直面しているのが、「貧困の女性化」という現象の中身である。このような状況

の中で，ジェンダーへの配慮を欠いたまま経済開発援助を行っても，援助の効果が人びと男女に平等に配分されず，開発援助プロジェクト自体が失敗に終わる可能性が高いことも認識されてきたのである。

そのためにGADでは，WIDと異なって，援助先の地域の調査をするときに，男女ともに被対象者にすること，女性の発言権を確保する環境を設定すること，男女別の統計を計量すること，プロジェクト計画の男女それぞれに対する影響に配慮すること，などが取り組みの基本になっているのだ。また，ジェンダーという概念を導入することにおいて，「女性」を均質の1つのカテゴリーとしてとらえるのではなく，女性の階級差・貧富差に注視する社会分析を目指している。

「ジェンダー」は，階級・階層・カースト・民族・エスニシティなどの分析概念の1つととらえられているのだ。「女性」は，均質な単一の集団ではなく，階層・階級・人種・民族・年齢などによって異なる利害や関心をもつ多様なカテゴリーなのである。

以上のようにGADにおける「女性」概念は，WIDと比較して，ジェンダーの視点の導入によって，その多様性が認識されてきている。しかしながら，ジェンダーの視点を導入したとはいえ，その「女性」概念の用法には，未だある一定の固定的な用法が見出されるのである。WIDアプローチのように，女性が男女の社会関係において従属的地位にあることを本質的なものとは措定せずに，GADアプローチは，この従属性をもたらす男女の社会関係を問題にする観点がある。WIDは「女性」を分析・援助対象にしたのに対して，GADは男女のジェンダー社会関係を対象にしているのだ。そして戦略的ニーズ概念にみられるように，社会関係の変革を目指すがゆえに，そこに現れる「女性」概念には，ある種の希望的観測的な女性像が措定されているようである。

その1つは「女性」が「男女」社会関係の中の「女性」に，かえって，限定されてしまったこと。女性の従属的地位を改善する女性の自立を目指す「女性」を前提にしていること，エンパワーメントの対象としての「女性」を女性とみなすこと，「男女」間に差異があるものとしての「女性」の社会的存在・社会

関係を問題視すること,階級・階層・人種・民族・年齢・家族・国家などの社会的要因の複雑な社会関係の中にある「男女」関係で異なる「女性」経験を認めること。これらの「女性」観が,間違っていると指摘しているのではなく,問題としているのは,このような「女性」観を前提にGAD分析が展開されていることなのである。

　ある種の「ジェンダー」的なジェンダー関係を前提とした分析的「女性」観に基づいて分析・調査・援助・事業を実践することで,ジェンダー関係のより具体的な複雑な複合的な側面が考察されないかもしれないのである。家族・親族・世帯・婚姻の中の複雑な社会関係・人間関係の肯定的・否定的／積極的・消極的／協力的・敵対的な側面は,単に「男女」の社会関係としては把握されえないものなのである。「ジェンダー」概念を用いることによって,かえってジェンダー現象が把握できなくなるという逆説的現象が起こっているのかもしれない。問われているのは,「ジェンダー」という分析概念を適用することの妥当性問題である。この問いは,GADで提起された諸問題を無化するものではなく,世界の状況を把握するために,そして世界の問題を解決するためにも,是非とも取り組むべき課題なのである。そうした課題への取り組みに対応する社会学の試みは,もうすでに開始されているのである。

【参考文献】

(1) 池田香代子再話（C. ダグラス・ラミス対訳）『世界がもし100人の村だったら』マガジンハウス,2001年。
(2) 伊藤るり・藤掛洋子『「ジェンダーと開発」に関する日本語文献データベース』お茶の水女子大学ジェンダー研究センター,2003年。(http://www.igs.ocha.ac.jp/)
(3) 「エネルギーと環境」編集部（環境庁・外務省監訳）『アジェンダ21実施計画（'97）—アジェンダ21の一層の実施のための計画—』エネルギージャーナル社,1997年。
(4) 大野光代・國信潤子編『現代社会と女性「開発と女性」』愛知淑徳大学,1993年。
(5) 外務省経済協力局編『我が国の政府開発援助＜上巻＞』（財）国際協力推進協会,2001年。
(6) 外務省経済協力局編『我が国の政府開発援助＜下巻＞国別援助』（財）国際協力推進協会,2001年。

(7) 外務省経済協力局編『政府開発援助（ODA）白書＜2001年版＞』財務省印刷局，2002年。
(8) 外務省経済協力局編『政府開発援助（ODA）国別データブック＜2001年版＞』財務省印刷局，2002年。
(9) 外務省編『政府開発援助（ODA）白書＜2002年版＞「戦略」と「改革」を求めて』国立印刷局，2003年。
(10) 環境と開発に関する世界委員会編（大来佐武郎監修・環境庁国連環境問題研究会訳）『地球の未来を守るために』福武書店，1987年。
(11) 金熙徳（鈴木英司訳）『徹底検証！日本型ODA―非軍事外交の試み』三和書籍，2002年。
(12) 草野厚『ODAの正しい見方』（ちくま新書）筑摩書房，1997年。
(13) 国連開発計画（UNDP）（横田洋三・秋月弘子監修）『人間開発報告書（2003）―ミレニアム開発目標（MDGs）達成に向けて―』国際協力出版会，2003年。
(14) 国連開発計画（UNDP）『ジェンダーと人間開発―人間開発報告書（1995年版）―』国際協力出版会，1995年。
(15) 古森義久『「ODA」再考』（PHP新書）PHP研究所，2002年。
(16) 斉藤文彦編『参加型開発―貧しい人々が主役となる開発へ向けて―』日本評論社，2002年。
(17) 田中由美子「開発と女性」国際協力出版会編『国際協力概論―地球規模の課題―』国際協力事業団・国際協力総合研修所，1995年，pp.94-119。
(18) 田中由美子「『開発と女性』に関する日本語文献紹介」お茶の水女子大学女性文化研究センター『女性文化研究センター年報』第7号（通巻14号），1993年，pp.167-187。
(19) 田中由美子・伊藤るり・大沢真理編『開発とジェンダー―エンパワーメントの国際協力―』（国際協力叢書）国際協力出版会，2002年。
(20) 日本ネグロス・キャンペーン委員会／アジア農村オルタナティブス編『国連世界調査報告1999開発と女性の役割―グローバリゼーション・ジェンダー・労働―』日本ネグロス・キャンペーン委員会／アジア農村オルタナティブス，2001年。
(21) 藤村泰・長瀬理英『ODAをどう変えればいいのか』コモンズ，2002年。
(22) ヴェラ・マッキー（舘かおる・森本恭代編）『グローバル化とジェンダー表象』（シリーズ「国際ジェンダー研究」2）御茶の水書房，2003年。
(23) 村松安子「女生と開発―理論と政策的課題―」西川潤編『社会開発―経済成長から人間中心型発展へ―』有斐閣（選書）1997年，pp.137-170。
(24) 村松安子「開発とジェンダー」井上輝子・上野千鶴子・江原由美子・大沢真理・加

納実紀代編『岩波女性学事典』岩波書店，2002年，pp.62-64。
⑳ 村松安子「開発と女性」井上輝子・上野千鶴子・江原由美子・大沢真理・加納実紀代編『岩波女性学事典』岩波書店，2002年，pp.64-65。
㉖ キャロライン・モーザ（久保田賢一・久保田真弓訳）『ジェンダー・開発・NGO—私たち自身のエンパワーメント—』新評論，1996年。
㉗ 森川友義『開発とWID—開発途上国の女性の現状と可能性—』新風舎，2002年。
㉘ 渡邊利夫・三浦有史『ODA（政府開発援助）—日本に何ができる』（中公新書）中央公論新社，2003年。

第10章
「男女共同参画社会」の中の「男女」概念について

10－1　はじめに

　日本国政府は1999年6月23日に「男女共同参画社会基本法」（平成11年法律第78号）を公布・施行した。同時並行的に各地方自治体は「男女共同参画」に関する条例に取り組み始めていた。都道府県レベルでは，埼玉県と東京都が2000年4月から条例を施行した。内閣府の調査によると，2002年8月8日時点で，男女共同参画に関する条例を制定しているのは，都道府県の8割近く（36自治体），政令指定都市（12市）の4割（5市）であり，市・区では7％，町村では1％未満となっている。私の居住する神奈川県でも，2002年の4月から「男女共同参画推進条例」を施行し，政令指定都市の横浜市と川崎市も2001年から条例を施行している。「男女共同参画社会基本法」が制定される前後には以下のような政府の動きがあった（（　）内は国連や国際機関の動きである）。

(1975. 7. 2. 国際婦人年・第1回世界女性会議（メキシコシティ）「女性の地位向上のための世界行動計画」採択。)
1975. 9. 23. 総理府に「婦人問題企画推進本部」（本部長：内閣総理大臣）を設置。
1977. 1. 27. 「国内行動計画」決定。
(1979. 12. 18. 国連総会「女子に対するあらゆる形態の差別の撤廃に関する条約」を採択。)
(1980. 7. 30. 国連女性の10年中間年世界会議・第2回世界女性会議（コペンハーゲン）。)
1985. 6. 25. 「女子差別撤廃条約」批准。
(1985. 7. 26. 国連女性の10年最終年世界会議・第3回世界女性会議「婦人の地位向上のためのナイロビ将来政略」採択。)

第10章 「男女共同参画社会」の中の「男女」概念について ●———171

1987. 5. 7.「西暦2000年に向けての新国内行動計画」を策定。
(1990. 5. 24. 国連経済社会理事会・国連女性の地位委員会「西暦2000年に向けての女性の地位向上のためのナイロビ将来戦略の実施に関する第1回見直しと評価に伴う勧告及び結論」採択。)
1991. 5. 30. 婦人問題企画推進本部「西暦2000年に向けての新国内行動計画(第1次改訂)を決定。
1994. 6. 24. 総理府が,婦人問題担当室と婦人問題企画推進有識者会議を改組し,「男女共同参画室」と「男女共同参画審議会」を設置(政令)。
1994. 7. 12. 総理府が,婦人問題企画推進本部を改組し「男女共同参画推進本部」を設置(本部長:内閣総理大臣,副部長:内閣官房長官・女性問題担当大臣)。
(1995. 9. 15. 第4回世界女性会議「北京宣言」「行動綱領」採択。)
1996. 6. 26. 男女共同参画審議会(縫田曄子会長)が,「男女共同参画ビジョン—21世紀の新たな価値の創造—」を首相に答申。
1996. 9. 3. 総理府「男女共同参画推進連携会議」発足。
1996. 12. 13. 男女共同参画推進本部「男女共同参画2000年プラン—男女共同参画社会の形成の促進に関する西暦2000年度までの国内行動計画—」発表。
1997. 3. 26.「男女共同参画審議会設置法」公布。
1997. 6. 16. 橋本首相「男女共同参画社会の実現を促進するための方策に関する基本的事項について」諮問。
1997. 6. 16. 審議会に基本問題部会を設置。
1997. 7. 1. 男女共同参画室が第1回報告書「男女共同参画の現状と施策」を発表。
1998. 2. 16. 基本問題部会に基本法検討小委員会を設置。
1998. 6. 16. 基本問題部会「男女共同参画社会基本法(仮称)の論点整理」発表。
1998. 7. 17. 総理府「男女共同参画の現状と施策——男女共同参画2000年プランに関する報告書(第2回)」(男女共同参画白書)発表。
1998. 10. 10. 総理府「男女共同参画社会に関する有識者アンケート調査」発表。
1998. 11. 4. 男女共同参画審議会(岩男寿美子会長)(基本法検討小委員会:古橋源六郎委員長)が「男女共同参画社会基本法について」を首相(小渕内閣総理大臣)に答申。
1998. 11. 20. 内閣府に「男女共同参画担当局」を設置。
1999. 6. 23.「男女共同参画社会基本法」公布・施行。
2000. 3. 24.「埼玉県男女共同参画推進条例」公布。

2000. 3. 31.「東京都男女平等参画基本条例」公布。
2000. 6. 7.「男女共同参画会議令」公布。
(2000. 6. 10. 女性2000年会議・第5回世界女性会議（ニューヨーク）。)
2000. 9. 26. 男女共同参画審議会が「男女共同参画基本計画策定に当たっての基本的な考え方―21世紀の最重要議題―」を首相に答申。
2000. 12. 12.「男女共同参画基本計画」発表（閣議決定）。
2001. 1. 23. 内閣府に「男女共同参画会議」を設置。
2001. 4. 1.「横浜市男女共同参画推進条例」施行。
2001. 10. 1.「男女平等かわさき条例」施行。
2002. 4. 1.「神奈川県男女共同参画推進条例」施行。

　本稿はこのような日本国の法規（法令や条例）テクスト[1]において規定されているある「社会」における「男女」の概念分析[2]を試みるものである。まずは，「基本法」を読んでみよう[3]。「基本法」は，前文から始まっているが，この「前文」は法案段階ではなかったものであり，国会通過の際に，修正されて追加されたものである。

10－2　「男女共同参画社会基本法」を読む

　前文の第1文では，「日本国憲法に個人の尊重と法の下の平等がうたわれ」と，日本国憲法の理念が強調され，「男女平等の実現」に向けた取り組みの一層の努力の必要性が述べられている。第2文では，社会経済情勢の変化に対応するために「男女が，互いにその人権を尊重しつつ責任も分かち合い，性別にかかわりなく，その個性と能力を十分に発揮することができる男女共同参画社会」の実現の緊急性が述べられている。第3文では，「男女共同参画社会の実現」が「21世紀の我が国社会を決定する最重要課題」であり，社会のあらゆる分野において促進施策の推進が重要だと述べられている。

　ここまで読んできて，読み手は「21世紀の我が国社会を決定する最重要課題」が「男女共同参画社会の実現」となっていることを理解する。だが実現しようとする「男女共同参画社会」とはどのような「社会」であるのかはわから

第10章 「男女共同参画社会」の中の「男女」概念について　173

ない状態に置かれている。実現前の現在の日本「社会」（わが国）と，この実現すべき「男女共同参画社会」がどのように異なっているのかあるいは同じなのかわからない状態なのである。

　前文の最後の文で「男女共同参画社会の形成についての基本理念」を明らかにすることが予告され，この法律の制定目的が述べられて，前文が終了する。

　前文の次には第1章総則がきて，（目的）第1条が書かれている。この第1条は，前文と重複する形ではあるが，この法律の目的が述べられている。「男女の人権が尊重され」る社会の実現が緊要であり，「男女共同参画社会の形成の促進」が説かれているが，「男女の人権の尊重」と「男女共同参画社会」形成の関連性は明示的には述べられていないのである。

　（定義）第2条でやっと「男女共同参画社会」の定義が述べられる。「男女共同参画社会」とは「男女が，社会の対等な構成員として，自らの意思によって社会のあらゆる分野における活動に参画する機会が確保され，もって男女が均等に政治的，経済的，社会的及び文化的利益を享受することができ，かつ，共に責任を担うべき社会」であることが明示されている。しかしながら，この定義を読んでも，先ほど提起した，実現前の現在の日本「社会」（わが国）と，この実現すべき「男女共同参画社会」がどのように異なっているのかあるいは同じなのかわからない状態なのであるという疑問は，解消しないのである。解消どころか疑問がさらにつけ加わる。前文で述べられた「男女平等の実現」と，定義で書かれている「社会の対等な構成員」および「均等に……利益を享受する」は同じことを意味しているのか，あるいは違うのかという疑問が出てくるはずである。さらに「男女共同参画社会」とは，男女が共同で参画する社会のことのようであるが，「男女が共同で」とはどういう意味なのか明確でないのである。

　このような状態において，「男女共同参画社会の形成についての基本理念」が5つ述べられていく。「男女の人権の尊重」「社会における制度又は慣行についての配慮」「政策等の立案及び決定への共同参画」「家庭生活における活動と他の活動の両立」「国際的協調」である。

第3条（男女の人権の尊重）では、「男女の個人としての尊厳が重んぜられること、男女が性別による差別的取り扱いを受けないこと、男女が個人として能力を発揮する機会が確保されることその他の男女の人権が尊重されること」が旨とされることが述べられている。単に人権の尊重という表現と、男女の人権の尊重という表現では、人権概念になにか変化があるのだろうか、あまり定かではない。

　第4条（社会における制度又は慣行についての配慮）では「社会における制度又は慣行が、性別による固定的な役割分担等を反映して、男女の社会における活動の選択に対して中立でない影響を及ぼすことにより、男女共同参画社会の形成を阻害する要因となるおそれがあること」が指摘されている。「性別による固定的な役割分担等」を反映した「社会の制度や慣行」が「中立でない」影響を及ぼすと述べられ、男女共同参画社会形成への阻害要因の可能性として示唆されている。

　第5条（政策等の立案及び決定への共同参画）では、「男女が、社会の対等な構成員として」政策等の立案や決定への共同参画機会の確保が旨だと述べられている。

　第6条（家庭生活における活動と他の活動の両立）では、「家族を構成する男女が、相互の協力と社会の支援の下に、子の養育、家族の介護その他の家庭生活における活動について家族の一員としての役割を円滑に果たし、かつ、当該活動以外の活動を行うことができるようにする」と述べられている。家族の一員としての役割ということは、第4条で述べていた「性別による固定的な役割分担等」を助長することにならないのだろうか。また、家庭生活とその他の活動の両立を強調することは、家庭生活を営まない人びとを排除することにならないのだろうか。

　最後に第7条（国際的協調）が述べられている。

10−3 「男女共同参画社会」における「男女」概念

　さて，以上が「男女」の概念分析をするのに使用する「基本法」テクストの全体である。「男女共同参画社会」における「男女」とはどのような概念であるのか。そして『「男女」共同参画社会』とはどのような「社会」なのだろうか。

　上記のテクストにおいて顕著なことは，絶えず「男女」という言葉が，常に「主格」(主語)の位置として用いられていることである。「男女平等」「男女の人権の尊重」「男女が，社会の対等な構成員として，……参画する……」などなど。このテクスト「社会」においてはあらゆる行為動詞の主語(＝主体)になるのは，いつも「男女」となっているのだ。

　しかし，この「男女」は，このテクスト「社会」では無定義なのである。つまりこの「男女」は，このテクストにおいては定義がなく，このテクスト以外のところから規定されるものとなっている。いうなれば，この「男女」は自然(言語)概念なのである。ではどのような自然概念なのだろうか？

　まずは，このテクストは法律なので，前文にも出てくる「日本国憲法」でうたわれている「個人の尊重」と「法の下の平等」の具体的条項である第13条と第14条を確認しておこう。

第13条　すべての国民は，個人として尊重される。

　　　　All of the people shall be respected as individuals.

第14条1　すべての国民は，法の下に平等であって，人種，信条，性別，社会的身分又は門地により，政治的，経済的又は社会的関係において，差別されない。

　　　　All of the people are equal under the law and there shall be no discrimination in political, economic or social relations because of race, creed, sex, social status or family origin.

　ここでは，日本国憲法の中の「性別」(あるいは両性)[4]がsex概念(sex,

both sexes, the sexes) であることを確認しておこう。「男女平等」とは，the equality of the sexes という言葉で表現される概念なのである。ちなみに「基本法」においては「男女平等」の仮英訳はgenuine equality between women and menとなっている（つまり「女と男の真の平等」という表現である）。

　ここで指摘できる「基本法」における「男女」概念の特徴の1つは，「男女」という表現に表れているように，絶えず「男」が先で「女」が後という順序（秩序）は一貫していることである。「女男」となることはないのである。男女共同参画社会とはそのような「社会」であるようだ。

　また，「基本法」では「男女」がまさに1つの概念になっており，「男」と「女」（あるいは「女」と「男」：men and women, or women and men）ではなく，男女（女男）という形で常に一対（ペア）で1つの概念になっているのだ。「女」あるいは「男」が別々に存在することはなく，絶えず「対」概念であり，「対」概念以外の表現ができなく，「女」か「男」以外の表現もできない「社会」のようである。

　さて，先ほどみたように「日本国憲法」における「性別」（男女両性）概念がsex概念であったが，「基本法」における「男女共同参画社会」の仮英訳の表現はGender-equal Societyとなっている。すなわち，実現すべき「男女共同参画社会」とは「ジェンダー平等社会」となっているのだ。

　他にも，「男女間の格差」はgender disparities，「性別による差別的取扱い」はgender-based discriminatory treatment，「性別による固定的な役割分担」はthe stereotyped division of roles on the basis of genderと，gender概念が使用されている。

　基本法の前文の第2文における「性別にかかわりなく」も，regardless of genderという表現になっている。ところがこの前文の「性別にかかわりなく」を「ジェンダーにかかわりなく」と読める人はほとんどいないだろう。「性別にかかわりなく」＝「性別に関係なく」は，(regardless of sexあるいはwithout distinction of sexあるいはirrespective of sexとして) sex概念で理解するのが自然言語概念であろう。

第10章 「男女共同参画社会」の中の「男女」概念について

ここに「男女共同参画社会」における「男女」概念に混乱が生じていることをみて取ることができるだろう。実現すべき「男女共同参画社会」とはジェンダー平等社会なのであるが，そのことは「基本法」には一言も明言されていないし，示唆もされていない。「憲法」をはじめとする法令テキストには，sex概念に基づく性別（男女）表現しかないのであるが，「基本法」で実現が目指されている「男女共同参画社会」とはジェンダー平等社会だと英語版ではなっている。しかし「基本法」には「ジェンダー」概念が使用されておらず，読み手はsex概念の「性別」（男女）でしか，読まないのである。「男女共同参画社会」が「ジェンダー平等社会」であると読むことはどこにも明記されていないのだ。ここに，先ほどみた実現前の現在の日本「社会」（わが国）と，この実現すべき「男女共同参画社会」がどのように異なっているのかがわからない最大の原因があるのだろう。

「基本法」における「男女平等」「対等な構成員」「均等に享受」の仮英語版の表現も，genuine equality between women and men, equal partners, enjoy …… equally となっており，すべてequality系の単語であり，差異はないのである。

第4条で男女共同参画社会形成の阻害要因として指摘されている「性別による固定的な役割分担」に関しても，「固定的な」（stereotyped）なものが否定されているだけであり，「性別による役割分担」それ自体が否定されているわけではない。この「性別による」も仮英語版ではon the basis of genderとなっているが，「基本法」条項ではこの「性別による」は自然概念として on the basis of sexと読まれるのであり，性別（sex）による役割分担そのものは否定されないのだ。

「基本法」の中の「男女」において，唯一，形容句がついている表現が第6条の「家庭を構成する男女」である。ここにおいて「基本法」の中の「男女」とは少なくとも潜在的には「家庭を構成する」ことになっており，「家庭を構成する男女」だけを優遇する社会となるようである。この条項が依拠していると思われるILO156号条約（家族的責任を有する男女労働者の機会及び待遇の均等に

関する条約)の趣旨を生かすならば,「家族を構成する男女」と,その他の男女との間の機会及び待遇の実効的な均等を実現することの必要性が説かれなければならないが,ここでは「家族を構成する男女」しか想定されていないようである。

10−4 おわりに

以上が,実現が目指されている「男女共同参画社会」の中に登場する「男女」概念の内実であるようだ。実現される「男女共同参画社会」とは,性別(sex)概念に規定された男女だけが,(性別にかかわりなく=男女の別なく)社会のあらゆる分野に参画する「社会」である。ということは「男女共同参画社会」とは,現在の日本「社会」(わが国)よりも,男女平等の標題の下に,逆説的に,より sex 中心の(=sexist)[5]社会になるようである。

付記:

本稿は,文教大学国際学部共同研究費(2001年度)の助成を得て行った研究プロジェクト『記憶の身体』の研究成果の一部であり,第75回日本社会学会大会(大阪大学豊中キャンパス)2002年11月17日(日)一般研究報告(3)(9時30分〜12時30分)性・ジェンダー2教室(A302)で報告した原稿に加筆修正したものである。

【注】

(1) このテクスト概念については,D. Smith, 1990 を参照。
(2) 概念分析に関しては,クルターを参照。
(3) APPENDIX を参照。
(4) たとえば第24条などを参照。
(5) 英語ではsexism=性差別主義・男女差別主義・女性差別主義/sex(中心)主義である。

第10章 「男女共同参画社会」の中の「男女」概念について ●―― 179

【参考文献】

(1) 赤川学「ジェンダー・フリーをめぐる一考察」『大航海』No.43, pp.64-73.
(2) 上野千鶴子／大沢真理「男女共同参画社会基本法のめざすもの－策定までのウラオモテ－」(財)横浜市女性協会編『女性施設ジャーナル5』学陽書房, 1999年, pp.76-121.（上野編pp.9-77.に再録）。
(3) 上野千鶴子編『ラディカルに語れば…』平凡社, 2001年。
(4) 大沢真理「政策決定システムにおけるジェンダーの主流化」山口・神野編『2025年日本の構想』岩波書店, 2000年,（第8章）pp.161-173。
(5) 大沢真理「対談補論―予想外の進展と予想どおりの反発」上野編, 2001年, pp.78-92。
(6) 大沢真理「男女共同参画社会の実現をめざして」『日本女子大学教養特別講義』(35集) 2001年, pp.230-245。
(7) 大沢真理「男女共同参画社会基本法の背景」『市民政策』(第15号) 2001年, pp.4-11。
(8) 大沢真理「なぜ, 男女共同参画社会基本法が必要なのか」大沢（編集代表）2002年（第3章）, pp.62-92。
(9) 大沢真理『男女共同参画社会をつくる』(NHKブックス) 日本放送出版協会, 2002年。
(10) 大沢真理（編集代表）『(改訂版) 21世紀の女性政策と男女共同参画社会基本法』ぎょうせい, 2000年 (2002)。
(11) 大沢・朴木・福島・前田「男女平等の確立が日本社会の「不安」を解消する」「世界」編集部編『21世紀のマニフェスト』岩波書店, 2001年（5章）, pp.201-239。
(12) クルター, ジェフ（西阪仰訳）『心の社会的構成―ヴィトゲンシュタイン派エスノメソドロジーの視点―』新曜社, 1998年。(Jeff Coulter, *The social Construction of Mind : Studies in Ethnomethodology and Lingustic Philosophy*, Macmillan, 1979.)
(13) 国広陽子「男女共同参画社会と女性の政治参画」『かながわ女性ジャーナル18号』(神奈川県立かながわ女性センター) 2000年, pp.6-32。
(14) 関哲夫編『資料集・男女共同参画社会』ミネルヴァ書房, 2001年。
(15) 総理府男女共同参画室編『男女共同参画2000年プラン＆ビジョン』大蔵省印刷局, 1997年。
(16) 内閣府編『(平成14年版) 男女共同参画白書』財務省印刷局, 2002年。
(17) 内閣府男女共同参画局編『男女共同参画基本計画』財務省印刷局, 2001年。
(18) 船橋邦子『ここが知りたい！そこが聞きたい！男女共同参画社会基本法』(ウィメンズブックス・ブックレット6) ウィメンズブックストア松香堂, 1999年。

(19) 山下・橋本・斉藤『男女共同参画推進条例のつくり方』ぎょうせい，2001年。
(20) Smith, Dorothy. 1990. *Texts, Facts and Femininity*. Routledge.

APPENDIX

男女共同参画社会基本法
　男女共同参画社会基本法（条文）
　男女共同参画社会基本法案に対する附帯決議（平成11年5月21日　参議院総務委員会）
　男女共同参画社会基本法案に対する附帯決議（平成11年6月11日　衆議院内閣委員会）
男女共同参画社会基本法（平成十一年六月二十三日法律第七十八号）
改正　平成十一年　七月　十六日法律第　百二号
　　　同　十一年十二月二十二日同　第百六十号
目次
　　前文
　　第一章　総則（第一条―第十二条）
　　第二章　男女共同参画社会の形成の促進に関する基本的施策（第十三条―第二十条）
　　第三章　男女共同参画会議（第二十一条―第二十八条）
　　附則
　我が国においては，日本国憲法に個人の尊重と法の下の平等がうたわれ，男女平等の実現に向けた様々な取組が，国際社会における取組とも連動しつつ，着実に進められてきたが，なお一層の努力が必要とされている。
　一方，少子高齢化の進展，国内経済活動の成熟化等我が国の社会経済情勢の急速な変化に対応していく上で，男女が，互いにその人権を尊重しつつ責任も分かち合い，性別にかかわりなく，その個性と能力を十分に発揮することができる男女共同参画社会の実現は，緊要な課題となっている。
　このような状況にかんがみ，男女共同参画社会の実現を二十一世紀の我が国社会を決定する最重要課題と位置付け，社会のあらゆる分野において，男女共同参画社会の形成の促進に関する施策の推進を図っていくことが重要である。
　ここに，男女共同参画社会の形成についての基本理念を明らかにしてその方向を示し，将来に向かって国，地方公共団体及び国民の男女共同参画社会の形成に関する取組を総合的かつ計画的に推進するため，この法律を制定する。
第一章　総則
（目的）
第一条　この法律は，男女の人権が尊重され，かつ，社会経済情勢の変化に対応できる豊かで活力ある社会を実現することの緊要性にかんがみ，男女共同参画社会の形成に関

し，基本理念を定め，並びに国，地方公共団体及び国民の責務を明らかにするとともに，男女共同参画社会の形成の促進に関する施策の基本となる事項を定めることにより，男女共同参画社会の形成を総合的かつ計画的に推進することを目的とする。
（定義）
第二条　この法律において，次の各号に掲げる用語の意義は，当該各号に定めるところによる。
一　男女共同参画社会の形成　男女が，社会の対等な構成員として，自らの意思によって社会のあらゆる分野における活動に参画する機会が確保され，もって男女が均等に政治的，経済的，社会的及び文化的利益を享受することができ，かつ，共に責任を担うべき社会を形成することをいう。
二　積極的改善措置　前号に規定する機会に係る男女間の格差を改善するため必要な範囲内において，男女のいずれか一方に対し，当該機会を積極的に提供することをいう。
（男女の人権の尊重）
第三条　男女共同参画社会の形成は，男女の個人としての尊厳が重んぜられること，男女が性別による差別的取扱いを受けないこと，男女が個人として能力を発揮する機会が確保されることその他の男女の人権が尊重されることを旨として，行われなければならない。
（社会における制度又は慣行についての配慮）
第四条　男女共同参画社会の形成に当たっては，社会における制度又は慣行が，性別による固定的な役割分担等を反映して，男女の社会における活動の選択に対して中立でない影響を及ぼすことにより，男女共同参画社会の形成を阻害する要因となるおそれがあることにかんがみ，社会における制度又は慣行が男女の社会における活動の選択に対して及ぼす影響をできる限り中立なものとするように配慮されなければならない。
（政策等の立案及び決定への共同参画）
第五条　男女共同参画社会の形成は，男女が，社会の対等な構成員として，国若しくは地方公共団体における政策又は民間の団体における方針の立案及び決定に共同して参画する機会が確保されることを旨として，行われなければならない。
（家庭生活における活動と他の活動の両立）
第六条　男女共同参画社会の形成は，家族を構成する男女が，相互の協力と社会の支援の下に，子の養育，家族の介護その他の家庭生活における活動について家族の一員としての役割を円滑に果たし，かつ，当該活動以外の活動を行うことができるようにすることを旨として，行われなければならない。
（国際的協調）
第七条　男女共同参画社会の形成の促進が国際社会における取組と密接な関係を有していることにかんがみ，男女共同参画社会の形成は，国際的協調の下に行われなければな

らない。
（国の責務）
第八条　国は，第三条から前条までに定める男女共同参画社会の形成についての基本理念（以下「基本理念」という。）にのっとり，男女共同参画社会の形成の促進に関する施策（積極的改善措置を含む。以下同じ。）を総合的に策定し，及び実施する責務を有する。
（地方公共団体の責務）
第九条　地方公共団体は，基本理念にのっとり，男女共同参画社会の形成の促進に関し，国の施策に準じた施策及びその他のその地方公共団体の区域の特性に応じた施策を策定し，及び実施する責務を有する。
（国民の責務）
第十条　国民は，職域，学校，地域，家庭その他の社会のあらゆる分野において，基本理念にのっとり，男女共同参画社会の形成に寄与するように努めなければならない。
（法制上の措置等）
第十一条　政府は，男女共同参画社会の形成の促進に関する施策を実施するため必要な法制上又は財政上の措置その他の措置を講じなければならない。
（年次報告等）
第十二条　政府は，毎年，国会に，男女共同参画社会の形成の状況及び政府が講じた男女共同参画社会の形成の促進に関する施策についての報告を提出しなければならない。
2　政府は，毎年，前項の報告に係る男女共同参画社会の形成の状況を考慮して講じようとする男女共同参画社会の形成の促進に関する施策を明らかにした文書を作成し，これを国会に提出しなければならない。

第二章　男女共同参画社会の形成の促進に関する基本的施策
（男女共同参画基本計画）
第十三条　政府は，男女共同参画社会の形成の促進に関する施策の総合的かつ計画的な推進を図るため，男女共同参画社会の形成の促進に関する基本的な計画（以下「男女共同参画基本計画」という。）を定めなければならない。
2　男女共同参画基本計画は，次に掲げる事項について定めるものとする。
一　総合的かつ長期的に講ずべき男女共同参画社会の形成の促進に関する施策の大綱
二　前号に掲げるもののほか，男女共同参画社会の形成の促進に関する施策を総合的かつ計画的に推進するために必要な事項
3　内閣総理大臣は，男女共同参画会議の意見を聴いて，男女共同参画基本計画の案を作成し，閣議の決定を求めなければならない。
4　内閣総理大臣は，前項の規定による閣議の決定があったときは，遅滞なく，男女共

同参画基本計画を公表しなければならない。
5　前二項の規定は，男女共同参画基本計画の変更について準用する。
（都道府県男女共同参画計画等）
第十四条　都道府県は，男女共同参画基本計画を勘案して，当該都道府県の区域における男女共同参画社会の形成の促進に関する施策についての基本的な計画（以下「都道府県男女共同参画計画」という。）を定めなければならない。
2　都道府県男女共同参画計画は，次に掲げる事項について定めるものとする。
一　都道府県の区域において総合的かつ長期的に講ずべき男女共同参画社会の形成の促進に関する施策の大綱
二　前号に掲げるもののほか，都道府県の区域における男女共同参画社会の形成の促進に関する施策を総合的かつ計画的に推進するために必要な事項
3　市町村は，男女共同参画基本計画及び都道府県男女共同参画計画を勘案して，当該市町村の区域における男女共同参画社会の形成の促進に関する施策についての基本的な計画（以下「市町村男女共同参画計画」という。）を定めるように努めなければならない。
4　都道府県又は市町村は，都道府県男女共同参画計画又は市町村男女共同参画計画を定め，又は変更したときは，遅滞なく，これを公表しなければならない。
（施策の策定等に当たっての配慮）
第十五条　国及び地方公共団体は，男女共同参画社会の形成に影響を及ぼすと認められる施策を策定し，及び実施するに当たっては，男女共同参画社会の形成に配慮しなければならない。
（国民の理解を深めるための措置）
第十六条　国及び地方公共団体は，広報活動等を通じて，基本理念に関する国民の理解を深めるよう適切な措置を講じなければならない。
（苦情の処理等）
第十七条　国は，政府が実施する男女共同参画社会の形成の促進に関する施策又は男女共同参画社会の形成に影響を及ぼすと認められる施策についての苦情の処理のために必要な措置及び性別による差別的取扱いその他の男女共同参画社会の形成を阻害する要因によって人権が侵害された場合における被害者の救済を図るために必要な措置を講じなければならない。
（調査研究）
第十八条　国は，社会における制度又は慣行が男女共同参画社会の形成に及ぼす影響に関する調査研究その他の男女共同参画社会の形成の促進に関する施策の策定に必要な調査研究を推進するように努めるものとする。
（国際的協調のための措置）

第十九条　国は，男女共同参画社会の形成を国際的協調の下に促進するため，外国政府又は国際機関との情報の交換その他男女共同参画社会の形成に関する国際的な相互協力の円滑な推進を図るために必要な措置を講ずるように努めるものとする。
（地方公共団体及び民間の団体に対する支援）
第二十条　国は，地方公共団体が実施する男女共同参画社会の形成の促進に関する施策及び民間の団体が男女共同参画社会の形成の促進に関して行う活動を支援するため，情報の提供その他の必要な措置を講ずるように努めるものとする。

第三章　男女共同参画会議
（設置）
第二十一条　内閣府に，男女共同参画会議（以下「会議」という。）を置く。
（所掌事務）
第二十二条　会議は，次に掲げる事務をつかさどる。
一　男女共同参画基本計画に関し，第十三条第三項に規定する事項を処理すること。
二　前号に掲げるもののほか，内閣総理大臣又は関係各大臣の諮問に応じ，男女共同参画社会の形成の促進に関する基本的な方針，基本的な政策及び重要事項を調査審議すること。
三　前二号に規定する事項に関し，調査審議し，必要があると認めるときは，内閣総理大臣及び関係各大臣に対し，意見を述べること。
四　政府が実施する男女共同参画社会の形成の促進に関する施策の実施状況を監視し，及び政府の施策が男女共同参画社会の形成に及ぼす影響を調査し，必要があると認めるときは，内閣総理大臣及び関係各大臣に対し，意見を述べること。
（組織）
第二十三条　会議は，議長及び議員二十四人以内をもって組織する。
（議長）
第二十四条　議長は，内閣官房長官をもって充てる。
2　議長は，会務を総理する。
（議員）
第二十五条　議員は，次に掲げる者をもって充てる。
一　内閣官房長官以外の国務大臣のうちから，内閣総理大臣が指定する者
二　男女共同参画社会の形成に関し優れた識見を有する者のうちから，内閣総理大臣が任命する者
2　前項第二号の議員の数は，同項に規定する議員の総数の十分の五未満であってはならない。
3　第一項第二号の議員のうち，男女のいずれか一方の議員の数は，同号に規定する議

員の総数の十分の四未満であってはならない。

4　第一項第二号の議員は，非常勤とする。

（議員の任期）

第二十六条　前条第一項第二号の議員の任期は，二年とする。ただし，補欠の議員の任期は，前任者の残任期間とする。

2　前条第一項第二号の議員は，再任されることができる。

（資料提出の要求等）

第二十七条　会議は，その所掌事務を遂行するために必要があると認めるときは，関係行政機関の長に対し，監視又は調査に必要な資料その他の資料の提出，意見の開陳，説明その他必要な協力を求めることができる。

2　会議は，その所掌事務を遂行するために特に必要があると認めるときは，前項に規定する者以外の者に対しても，必要な協力を依頼することができる。

（政令への委任）

第二十八条　この章に定めるもののほか，会議の組織及び議員その他の職員その他会議に関し必要な事項は，政令で定める。

附　則（平成十一年六月二三日法律第七八号）　抄

（施行期日）

第一条　この法律は，公布の日から施行する。

（男女共同参画審議会設置法の廃止）

第二条　男女共同参画審議会設置法（平成九年法律第七号）は，廃止する。

附　則　（平成十一年七月十六日法律第百二号）　抄

（施行期日）

第一条　この法律は，内閣法の一部を改正する法律（平成十一年法律第八十八号）の施行の日から施行する。ただし，次の各号に掲げる規定は，当該各号に定める日から施行する。

（施行の日＝平成十三年一月六日）

一　略

二　附則第十条第一項及び第五項，第十四条第三項，第二十三条，第二十八条並びに第三十条の規定公布の日

（委員等の任期に関する経過措置）

第二十八条　この法律の施行の日の前日において次に掲げる従前の審議会その他の機関の会長，委員その他の職員である者（任期の定めのない者を除く。）の任期は，当該会長，委員その他の職員の任期を定めたそれぞれの法律の規定にかかわらず，その日に満了す

る。
一から十まで　略
十一　男女共同参画審議会（別に定める経過措置）第三十条　第二条から前条までに規定するもののほか，この法律の施行に伴い必要となる経過措置は，別に法律で定める。

附　則　（平成十一年十二月二十二日法律第百六十号）　抄
（施行期日）
第一条　この法律（第二条及び第三条を除く。）は，平成十三年一月六日から施行する。ただし，次の各号に掲げる規定は，当該各号に定める日から施行する。
（以下略）

男女共同参画社会基本法案に対する附帯決議　平成11年5月21日　参議院総務委員会
政府は，本法施行に当たり，次の事項について配慮すべきである。
一　政策等の立案及び決定への共同参画は，男女共同参画社会の形成に当たり不可欠のものであることにかんがみ，その実態を踏まえ，国及び地方公共団体において，積極的改善措置の積極的活用も図ることにより，その着実な進展を図ること。
一　家庭生活における活動と他の活動の両立については，ＩＬＯ第156号条約の趣旨に沿い，家庭生活と職業生活の両立の重要性に留意しつつ，両立のための環境整備を早急に進めるとともに，特に，子の養育，家族の介護については，社会も共に担うという認識に立って，その社会的支援の充実強化を図ること。
一　男女共同参画社会の形成の促進に関する施策の策定に当たっては，現行の法制度についても広範にわたり検討を加えるとともに，施策の実施に必要な法制上又は財政上の措置を適宜適切に講ずること。
一　女性に対する暴力の根絶が女性の人権の確立にとって欠くことができないものであることにかんがみ，あらゆる形態の女性に対する暴力の根絶に向けて積極的に取り組むこと。
一　男女共同参画社会の形成の促進に関する施策の推進については，男女共同参画会議の調査及び監視機能が十全に発揮されるよう，民間からの人材の登用を含め，体制を充実させること。
一　本法の基本理念に対する国民の理解を深めるために，教育活動及び広報活動等の措置を積極的に講じること。一　各事業者が，基本理念にのっとり，男女共同参画社会を形成する責務を自覚するよう適切な指導を行うこと。
一　苦情の処理及び人権が侵害された場合における被害者救済のための措置については，オンブズパーソン的機能を含めて検討し，苦情処理及び被害者救済の実効性を確保できる制度とすること。

一　男女共同参画社会の形成を国際的協調の下に促進するため，女子差別撤廃条約その他我が国が締結している国際約束を誠実に履行するため必要な措置を講ずるとともに，男女共同参画の視点に立った国際協力の一層の推進に努めること。右決議する。

男女共同参画社会基本法案に対する附帯決議　平成11年6月11日　衆議院内閣委員会
政府は，本法施行に当たり，次の事項に配慮すべきである。
一　家庭生活における活動と他の活動の両立については，ILO第156号条約の趣旨に沿い，両立のための環境整備を早急に進めるとともに，特に，子の養育，家族の介護については，社会も共に責任を担うという認識に立って，その社会的支援の充実強化を図ること。
一　女性に対する暴力の根絶が女性の人権の確立にとって欠くことができないものであることにかんがみ，あらゆる形態の女性に対する暴力の根絶に向けて積極的に取り組むこと。
一　男女共同参画社会の形成の促進に関する施策の策定に当たっては，性別によるあらゆる差別をなくすよう，現行の諸制度についても検討を加えるとともに，施策の実施に必要な法政上又は財政上の措置を適切に講ずること。
一　男女共同参画社会の形成の促進に関する施策の推進に当たっては，その施策の推進体制における調査及び監視機能が十分に発揮されるよう，民間からの人材の登用を含め，その体制の整備の強化を図ること。
一　各事業者が，基本理念にのっとり，男女共同参画社会の形成に寄与する責務を有することを自覚して，男女共同参画社会の形成の促進に関する施策の推進を図るよう，適切な指導を行うこと。
一　男女共同参画社会の形成には，男女の人権の尊重が欠かせないことにかんがみ，苦情の処理及び被害者の救済が十分図られるよう，実効性のある制度の確立に努めること。

The Basic Law for a Gender-equal Society (Law No. 78 of 1999)

(Tentative Translation in English)
Contents

The Preamble
Chapter 1 General Provisions (Articles 1-12)
Chapter 2 Basic Policies Related to Promotion of Formation of a Gender-equal Society (Articles 13-20)
Chapter 3 The Council for Gender Equality (Articles 21-26)

Supplementary Provisions

Considering respect for individuals and equality under the law expressly stipulated under the Constitution, steady progress has been made in Japan through a number of efforts toward the realization of genuine equality between women and men together with efforts taken by the international community. However, even greater effort is required.

At the same time, to respond to the rapid changes occurring in Japan's socio-economic situation, such as the trend toward fewer children, the aging of the population, and the maturation of domestic economic activities, it has become a matter of urgent importance to realize a Gender-equal Society in which men and women respect the other's human rights and share their responsibilities, and every citizen is able to fully exercise their individuality and abilities regardless of gender.

In light of this situation, it is vital to position the realization of a Gender-equal Society as a top-priority task in determining the framework of 21st-century Japan, and implement policies related to promotion of formation of a Gender-equal Society in all fields.

This law is hereby established in order to clarify the basic principles with regard to formation of a Gender-equal Society, to set a course to this end, and to promote efforts by the State and local governments and citizens with regard to formation of a Gender-equal Society comprehensively and systematically.

Chapter 1 General Provisions

(Purpose)
Article 1
In consideration of the urgency of realizing an affluent and dynamic society in which the human rights of both women and men are respected and which can respond to changes in socioeconomic circumstances, the purpose of this law is to comprehensively and systematically promote formation of a Gender-equal Society by laying out the basic principles in regard to formation of such a society, clarifying the responsibilities of the State and local governments and citizens, and also stipulating provisions to form the basis of policies related to promotion of formation of a Gender-equal Society.
(Definitions)
Article 2
Under this law, the following definitions shall apply:
(1) Formation of a Gender-equal Society: Formation of a society where both women and men shall be given equal opportunities to participate voluntarily in activities in all fields as equal partners in the society, and shall be able to enjoy political, economic, social and cultural benefits equally as well as to share responsibilities.
(2) Positive action: Positive provisionof the opportunities stipulated in the preceding item to either women or men within the necessary limits in order toredress gender disparities in terms of such opportunities.
(Respect for the Human Rights of Women and Men)
Article 3
Formation of a Gender-equal Society shall be promoted based on respect for the human rights of women and men, including: respect for the dignity of men and women as individuals; no gender-based discriminatory treatment of women or men; and the securing of opportunities for men and women to exercise their abilities as individuals.
(Consideration to SocialSystems or Practices)
Article 4
In consideration that social systems or practices can become factors impeding formation of a Gender-equal Society by reflecting the stereotyped division of roles on the basis of gender, etc., thus having a non-neutral effect on the selection of social activities by women and men, care should be taken so that social systems and practices have as neutral an impact as possible on this selection of social activities.
(Joint Participation in Planning andDeciding Policies, etc.)
Article 5
Formation of a Gender-equal Society shall be promoted based on securing opportu-

nitiesfor women and men to participate jointly as equal partners in the society in planning and deciding policies of the State or local governments, or policies of private bodies.

(Compatibility of Activities in Family Life and Other Activities)

Article 6

Formation of a Gender-equal Society shall be promoted so that women and men can perform their roles smoothly as household members in home-related activities, including child-raising and nursing of family members through mutual cooperation and social support, and can thus perform activities other than these.

(International Cooperation)

Article 7

In consideration of the close relationship between internal promotion of formation of a Gender-equal Society and efforts by the international community, formation of a Gender-equal Society shall be promoted based on international cooperation.

(Responsibility of the State)

Article 8

The State is responsible for the comprehensive formulation and implementation of policies related to promotion of formation of a Gender-equal Society (including positive action. The same shall applyhereinafter.) pursuant to the basic principles on formation of a Gender-equal Society prescribed in Articles 3 to 7 (hereinafter referred to as the "basic principles").

(Responsibility of Local Governments)

Article 9

Local governments are responsible for the formulation and implementation of policies related to promotion of formation of a Gender-equal Society corresponding to national measures, and other policies in accordance with the nature of the areas of local governments,pursuant to the basic principles.

(Responsibility of Citizens)

Article 10

Citizens shall make efforts to contribute toformation of a Gender-equal Society in all areas of society, including workplaces, schools, the local community and thehome, pursuant to the basic principles.

(Legislative Measures, etc.)

Article 11

The Government shall take legislative, financial and other measures required to imple-

ment the policies related to promotion of formation of a Gender-equal Society.
(Annual Reports, etc.)
Article 12
1. The Government shall submit annually to the Diet a report on the state of formation of a Gender-equal Society and the policies implemented by the Government related to promotion of formation of a Gender-equal Society.
2. The Government shall make and submit annually to the Diet a document explaining the policies the Government is going to implement related to promotion of formation of a Gender-equal Society, considering the state of formation of the society described in the report in the preceding paragraph.

Chapter 2 Basic Policies Related to Promotion of Formation of a Gender-equal Society
(Basic Plan for Gender Equality)
Article 13
1. The Government shall establish a basic plan with regard to the promotion of formation of a Gender-equal Society (hereinafter referred to as "Basic Plan for Gender Equality"), in order to comprehensively and systematically implement policies related to promotion of formation of a Gender-equal Society.
2. The Basic Plan for Gender Equality shall stipulate the following items:
    (1) The outline of the policies which should be implemented comprehensively and over the long term related to promotion of formation of a Gender-equal Society.
    (2) Besides the preceding item, matters required to comprehensively and systematically implement policies related to promotion of formation of a Gender-equal Society.
3. The Prime Minister of Japan shall formulate a draft of the Basic Plan for Gender Equality and ask the Cabinet for its decision, after hearing the opinion of the Council for Gender Equality.
4. The Prime Minister shall announce the Basic Plan for Gender Equality without delay, when the Cabinet has made its decision in accordance with the preceding paragraph.
5. The preceding two paragraphs shall apply mutatis mutandis to changes of the Basic Plan for Gender Equality.
(Prefectural Plans for Gender Equality, etc.)
Article 14
1. Taking into consideration the Basic Plan for Gender Equality, the prefectures shall

establish basic plans with regard to policies related to the promotion of formation of a Gender-equal Society within the areas of the prefectures (hereinafter referred to as "Prefectural Plans for Gender Equality").

2. Prefectural Plans for Gender Equality shall stipulate the following items:
(1) The outline of the policies which should be implemented comprehensively and over the long term related to promotion of formation of a Gender-equal Society within the areas of the prefectures.
(2) Besides the preceding item, matters required to comprehensively and systematically implement policies related to promotion of formation of a Gender-equal Society within the areas of the prefectures.

3. Taking into consideration the Basic Plan for Gender Equality and Prefectural Plans for Gender Equality, the municipalities shall make efforts to establish basic plans with regard to policies related to the promotion of formation of a Gender-equal Society within the areas of the municipalities (hereinafter referred to as "Municipal Plans for Gender Equality").

4. When the prefectures or the municipalities establish or modify their Prefectural Plans for Gender Equality, or their Municipal Plans for Gender Equality, they shall announce them without delay.

(Consideration in Formulation of Policies, etc.)

Article 15

When formulating and implementing policies recognized as influencing formation of a Gender-equal Society, the State and local governments shall consider formation of a Gender-equal Society.

(Measures to Increase Understanding of Citizens)

Article 16

The State and local governments shall take appropriate measures through public relations activities, etc., to increase understanding of citizens on the basic principles.

(Handling Complaints, etc.)

Article 17

The State shall take necessary measures for handling complaints in regard to policies implemented by the government which are related to promotion of formation of a Gender-equal Society or which are recognized as influencing formation of a Gender-equal Society, and, necessary measures intended for relief of victims whose human rights have been infringed through factors impeding formation of a Gender-equal Society including gender-based discriminatory treatment.

(Study and Research)
Article 18
 The State shall make efforts to promote necessary study and research for the formulation of policies related to promotion of formation of a Gender-equal Society, including study and research for the effect of social systems and practices on formation of a Gender-equal Society.
(Measures for International Cooperation)
Article 19
 To promote formation of a Gender-equal Society based on international cooperation, the State shall make efforts to take necessary measures for exchanges of information with foreign governments and international institutions, and the smooth promotion of international mutual cooperation related to formation of a Gender-equal Society.
(Support for Local Governments and Private Bodies)
Article 20
 To support policies implemented by local governments related to promotion of formation of a Gender-equal Society and the activities taken by private bodies with regard to promotion of formation of a Gender-equal Society, the State shall make efforts to take necessary measures, including providing information.

Chapter 3 Council for Gender Equality
(Council for Gender Equality)
Article 21
1. There is hereby established a Council for Gender Equality (hereinafter referred to as the "Council") in the Prime Minister's Office.
2. The Council shall be in charge of the following tasks:
 (1) To handle the tasks stipulated in Article 13 Paragraph 3 with regard to the Basic Plan for GenderEquality.
 (2) In addition to the task referred to in the preceding item, to study and deliberate on basic and comprehensive policies and important matters with regard to promotion of formation of a Gender-equal Society in response to the consultation by the Prime Minister or other respective Ministers concerned.
3. The Council may submit its opinions to the Prime Minister or other respective Ministers concerned with regard to the matters stipulated in the preceding paragraph.
(Organization)
Article 22

1. The Council shall be composed of no more than 25 members.

2. 2. Each number of women and menmembers of the Council may not fall below 40 percent of the total number of the members.

(Council Members)

Article 23

1. The Council members shall be appointed by the Prime Minister from among persons of learning and experience.

2. The Council members shall serve a term of two years. However, members who have stepped in assubstitutes shall serve the amount of time remaining of the original member's term.

3. The Council members can be re-appointed.

4. The Council members shall serve on a part-time basis.

(Council Chairperson)

Article 24

1. The Council shall be headed by a Chairperson elected by the Council members from among the Council members.

2. The Chairperson shall preside over Council affairs and represent the Council.

3. When the Chairperson meets with an accident, a Council member designated beforehand by the Chairperson shall act as proxy Chairperson.

(Submission of Materials and Other Cooperation)

Article 25

1. The Council may seek necessary cooperation from the heads of related administrative institutions including the submission of materials, statements of views, and explanations where this is recognized as necessary in the Council's execution of its duties.

2. The Council may also seek necessary cooperation from persons other than those stipulated in the preceding paragraph, where this is recognized as especially necessary in the Council's execution of its dudies.

(Stipulation by Cabinet Ordinance)

Article 26

Any necessary Council-related provisions which are not stipulated in this Chapter shall be stipulated by Cabinet ordinance.

Supplementary Provisions

(Date of Enforcement)

Article 1
This law shall enter into force on the day of promulgation.
(Abrogation of the Establishment Law of the Council for Gender Equality)
Article 2
The Establishment Law of the Council for Gender Equality (Law No. 7 of 1997) shall be abrogated.
(Transitional Measures)
Article 3
1. The Council for Gender Equality established under Article 1 of the Establishment Law of the Council for Gender Equality (hereinafter referred to as "the old Council Establishment Law"), which existed before the abrogation stipulated in the preceding article, shall become the body entitled Council for Gender Equality as established under Article 21 Paragraph 1, and shall continue to exist as the one and the same entity.
2. When this Basic Law enters into force, those members appointed to theCouncil under the provisions in Article 4 Paragraph 1 of the old Council Establishment Law shall be regarded as having been appointed as members of the Council for Gender Equality under the provisions of Article 23 Paragraph 1 as of the date this law enters into force. In this case, regardless of the provision in Article 23 Paragraph 2, the term of service for those persons considered to have been appointed as above shall be the same as the term remaining as of the date this law enters into force for those members appointed to the Council according to the provisions in Article 4 Paragraph 2 of the old Council Establishment Law.
3. When this Law enters into force, the Chairperson of the Council as determined in the provisions of Article 5 Paragraph 1 in the old Council Establishment Law, or the Council member designated in the provisions of Article 5 Paragraph 3, shall be stipulated as the Chairperson as of the date this law enters into force according to the provisions of Article 24 Paragraph 1 in the case of the former, or, in the case of the latter, be regarded as having been designated as the Council member carrying out the Chairperson's duties on behalf of the Chairperson under the provisions in Article 24 Paragraph 3.
(Partial Amendment of the Establishment Law of the Prime Minister's Office)
Article 4
The Establishment Law of the Prime Minister's Office (Law No. 127 of 1949) shall be partially amended as follows.

The following item shall be added after Article 4 (4):

(4-2) The draft of the Basic Plan for Gender Equality stipulated in Article 13 Paragraph 1 shall be formulated based on the provisions in Article 13 Paragraph 3 of the Basic Law for a Gender-equal Society (Law No. 78 of 1999).

The English language version of this law is a translation of an original document produced in Japanese. Any questions that may arise about the interpretation of the law shall be resolved with regard to the original Japanese document.

INDEX

[A－Z]

GADアプローチ ……………163
GEM ……………76
gender ……………vi
GENDER概念 ……………x
ODA ……………158
sex ……………vi, 99
　──概念 ……………viii, 175
　──中心 ……………178
UNDP ……………76
WIDアプローチ ……………163
WID開発と女性 ……………154

[ア]

新しい女 ……………31
アライアンス（婚姻関係）の装置 ……127
アンラーニング ……………74
イエ ……………4, 54
家イデオロギー ……………55
家観念 ……………54, 57
家制度 ……………53
一夫一婦制 ……………39
イデオロギー ……………21～23, 32
　──論 ……………24
インターセックス ……………95, 104
ウェストファリア条約
　……………113, 114, 116, 146
王政復古 ……………119
オーナーシップ ……………156

[カ]

外国人登録法 ……………58

概念分析 ……………172
開発と女性 ……………160
開発の中の女性 ……………161
核家族 ……………4, 132
家族 ……………3
　──愛 ……………34
　──社会 ……………11, 12
　──集団単位 ……………46
　──単位 ……………9
　──の社会 ……………10, 14
　──普遍論 ……………5
家庭 ……………177
家父 ……………87
姦通 ……………28
騎士道精神 ……………26
宮廷風恋愛 ……………26
教会婚 ……………43
　──＝宗教婚 ……………44
近代家族 ……………6, 7, 86, 132
近代国民国家 ……………146
近代国家 ……………112, 113, 116, 117, 120
近代市民社会 ……………39
近代社会 ……………107, 112, 117, 122
　　　　　　　145, 146, 151
近代天皇制国家 ……………49
近代日本社会 ……………126
吟遊詩人（トルバドール） ……………26
グローバリゼーション ……………123, 152
結婚 ……………35, 36, 41
結婚・婚姻 ……………38
　──形態 ……………38
結婚制度 ……………29

言語	126
権力	127
恋の技術	27
構築主義	97, 98, 101, 128
皇民化	53
皇民簿	49
効力	66
国際社会	114
国際秩序	118
国籍条項	61
国民	122, 129
——概念	147
——管理制度	57
——国家	116, 128, 129, 145, 147, 151
——主義	129
国連開発計画（UNDP）	159, 162
国連・婦人差別撤廃条約	63
戸主制度	50
戸主届出制	51
個人	116, 124
個人単位	46, 61
——の社会	12〜14
戸籍婚	40, 66, 67
戸籍制度	40, 41, 46, 47, 51, 56
戸籍法	52
子育て	75
——神話	88
古代天皇制国家	49
国家	122
——イデオロギー	55
固定的性別役割分担意識	86
子ども	86
婚姻	36〜38, 41
——形態	36
——・結婚	37
——制度	41
——届	61
——の成立	66
——秘跡説	42

[サ]

佐幕開国論	118
産業	122
——革命	146
——社会	86, 112, 115
氏	49, 52
氏＝家観念	57
ジェンダー	iii, iv, ix, 130, 135, 143, 166
——・エンパワーメント測定（GEM）	159
——概念	167
——後進国	iii
——先進国	78, 85, 90
——と開発	154, 163
——の視点	124
——の主流化	162, 165
——平等	124, 154, 164
——平等社会	176
——論	iii, 143
氏姓制度	47
自然（言語）概念	175
持続可能な開発	154
実際的ニーズ	164
市民	122, 131
——革命	146, 147
——社会	112, 116, 130, 131, 135
——平等	123
指紋押捺拒否闘争	64
指紋押捺制度	59
社会	112, 122
宗教上の婚姻	43
住民基本台帳法	59

INDEX 201

住民登録法 …………………………59
住民票 ………………………………60
宗門人別改帳 ………………………49
自由恋愛論 …………………………31
主権 ………………………………114
主権国家 ………113, 114, 116, 146
　───体制 ……………………146
殖産興業 …………………………120
女権宣言 …………………………149
女性 ………………………………166
　───概念 ……………………166
　───参政権 …………………151
新開発戦略 ………………………155
シングル単位の社会 ………………12
人権宣言 ………………147, 148
新戸籍法 ……………………………56
壬甲戸籍 ……………………………50
人民 ………………………………114
スウェーデン ……………78, 85
性 ………………vii, 95, 98, 99, 126
性愛一致思想 ………………………31
性関係 ……………………………128
性規範 ……………………………129
性現象 ……………………………128
生殖 ………………………………127
　───器 ………………………101
性腺 ………………………………106
性染色体 …………………………105
精巣決定遺伝子 …………………105
性の2形 …………………………107
性の分化 …………………102, 103
生物学的な多様性 ………………102
生物的な多様性 …………………104
性別 (sex) …viii, 95, 99, 103, 107, 109,
　　　　　123, 143, 175〜177
　───概念 ……………14, 178
　───観 ……101, 145, 150, 151

性別による役割分担 ……………177
性別役割分業 …………134, 150
性ホルモン ………………………106
セクシュアリティ ……127, 129, 131,
　　　　　　　　　135, 137
　───≒性愛 …………………126
　───の装置 …………………127
世帯主 ………………………59, 60
セックス ……………vii, ix, 99
絶対的貧困 ………………………157
戦略的ニーズ ……………………164
創氏改名 ……………………………54
尊王攘夷論 ………………………118

[タ]

大日本国憲法 ………………………51
脱近代家族 …………………………90
脱国民国家 ………………………152
脱神話化 ……………………………89
(単一) 民族 ………………………147
男女 ………………………………175
　───概念 ……………………177
男女共同参画社会 ………172, 177
　───基本法 …………………170
男女性別役割分業 …………………34
男女二分法 ……14, 15, 101, 102, 107,
　　　　　　　145, 150
　───的性別観 ………………123
男女平等 …………………………176
男性化 ……………………………103
男性国家 …………………………134
男性同盟 …………………………132
知識社会学 …………………………24
父親 …………………………………86
嫡出子 ………………………………65
中央集権国家体制 ………………120
中産階級 ………………130, 135

通俗医学	102
天性	99
天皇制	122
同性愛	132
───者	134
特別養子制度	65
途上国の女性支援（WID）イニシアティブ	162
届出婚	66

[ナ]

内縁関係	67
ナショナリズム	126, 129～131, 135, 136
ナチズム	132
20世紀近代家族	8, 11, 12
日本語	98, 100
日本国憲法	172
日本国民	57, 58
日本人	152
人間開発報告書	76, 159
人別改帳	49

[ハ]

パートナーシップ	156
母親	76, 86
───像	87
半陰陽	104
ファシズム	132
夫婦愛	34
夫婦同氏	52
夫婦別氏制	62
フェミニズム	151
富国強兵	120
普通選挙	150
父母両系血統主義	63
フランス革命	132, 148
フランス（ブルジョア）市民革命	116
ブルジョア市民社会	29
文法上の法	v
文明開化	121
ペリー	117
法的効力	66
法律婚社会	39
法律婚主義	44
ポスト近代社会	123
ポスト産業社会	90
ポスト・ナショナリズム	137
母性	87
───イデオロギー	88
───本能	88
ホモエロティシズム	132, 135
本質主義	96, 100, 101, 128
本籍	55
本名	60

[マ]

見合結婚	32
身分登記簿	53
身分登録	45
───制度	40, 41, 46
ミューラー管	106
民事婚	32, 40, 44, 69
───主義	39, 44
明治維新	49
明治政府	117

[ヤ]

大和朝廷	47

[ラ]

裸体	135
ラーブ	30
離婚届	65

律令制 …………………………48
領土 ……………………………114
両能性 …………………………103
レスペクタビリティ…129, 131, 135, 136
恋愛 …………………………25, 29, 30
―――結婚 ………………29, 32, 34
―――至上主義 …………………30
ロマンチック・ラヴ ………25, 30, 34
―――・イデオロギー ……………25

《著者紹介》

椎野　信雄（しいの・のぶお）
　現　職：文教大学国際学部教授
　専　門：社会学／エスノメソドロジー

1953年　東京都生まれ。
1976年　一橋大学社会学部卒業。
1978年　東京大学大学院社会学研究科修士課程修了。
1986年　東京大学大学院社会学研究科博士課程単位修得満期退学。
　　　　その間1983年からニューヨーク州立大学（オールバニ校）大学院博士課程
　　　　（社会学）にも在籍し，4年間TAを経験。
1988年　東京都立大学人文学部社会学助手。
1996年　文教大学国際学部助教授。
2001年　文教大学国際学部教授。

著書に『エスノメソドロジーの可能性——社会学者の足跡をたどる』（2007年，春風社），
『テキスト社会学——現代社会の理解と認識のために』（1999年，ミネルヴァ書房，共編），
『アメリカ人の愛し方——エロスとロマンス』（1995年，勁草書房，翻訳）。

（検印省略）

2008年9月20日　初版発行　　　　　　　　略称－市民ジェンダー

市民のためのジェンダー入門

　　　　　　著　者　椎野信雄
　　　　　　発行者　塚田慶次

発行所	東京都豊島区池袋3-14-4	株式会社　創成社

電　話　03（3971）6552　　ＦＡＸ　03（3971）6919
出版部　03（5275）9990　　振　替　00150 9-191261
http://www.books-sosei.com

定価はカバーに表示してあります。

©2008 Nobuo Shiino　　　　組版：でーた工房　印刷：Ｓ・Ｄプリント
ISBN978-4-7944-7067-6 C3036　製本：宮製本
Printed in Japan　　　　　　　落丁・乱丁本はお取替えいたします。

――――― 創成社の本 ―――――

書名	著者	区分	価格
市民のためのジェンダー入門	椎野 信雄	著	2,300円
[新編] グローバリゼーション・スタディーズ ― 国 際 学 の 視 座 ―	奥田　孝晴 藤巻　光浩 山脇　千賀子	編著	2,500円
ジェンダーフリーの時代からロハスの時代へ	百瀬　靖子	著	2,200円
エンパワーメントの時代へ	百瀬　靖子	著	1,600円
市民参加のまちづくり [英国編] ―イギリスに学ぶ地域再生とパートナーシップ―	浅見　良露 西川　芳昭	編著	1,800円
市民参加のまちづくり [事例編] ―NPO・市民・自治体の取り組みから―	西川・伊佐・松尾	編著	2,000円
市民参加のまちづくり [戦略編] ―参加とリーダーシップ・自立とパートナーシップ―	松尾・西川・伊佐	編著	2,000円
会計専門職大学院に行こう! [2009年度版]	会計専門職大学院に行こう! 編集委員会	編	1,800円
数字でみる観光 [2007-2008年度版]	㈳日本観光協会	編	600円
ホスピタリティの表現研究	浅野　浩子 菊地　史子	編著	2,200円
ニュー・オフィス・ペーパーワーク	福永　弘之	編著	2,500円
ビジネスマナー基礎編	胡　　義博 磯部　　恵	著	2,400円
ビジネス英語用語の基礎知識	小川　智弘	編著	1,300円
商店街の経営革新	酒巻　貞夫	著	2,000円
わたしたちの企業倫理学	南村　博二	著	1,700円
会計の基礎と簿記の基本	斎藤　孝一	著	1,000円
現代交通観光辞典	廣岡　治哉	監修	2,500円
よくわかる保育所実習	百瀬　ユカリ	著	1,500円
すぐに役立つ保育技術	百瀬　ユカリ	著	1,400円

(本体価格)

――――― 創成社 ―――――